葛西紀明

スキージャンプ選手
史上最多7回の冬季五輪出場
W杯最年長優勝記録
レジェンド

40歳を過ぎて
最高の成果を出せる

# 「疲れない体」と「折れない心」のつくり方

東洋経済新報社

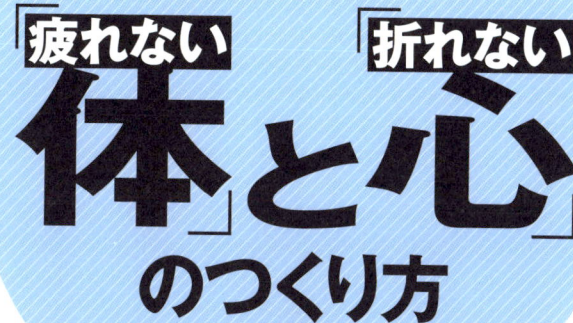

# はじめに

## なぜ私は40歳を超えて「ピークの成績」を残すことができるのか

みなさん、こんにちは。スキージャンプの「レジェンド」こと、葛西紀明です。

自分で「レジェンド」というのは少々気恥ずかしい思いもありますが、みなさんに「レジェンド」と呼んでいただけることはとても光栄であり、まんざらでもありません。

私がこのような称号をいただけた最大の理由は、40歳を超えたいまでも現役を続けているだけでなく、**30代後半から「新たなピーク」をつくり、41歳になって「過去最高の自分」を実現し、45歳になった現在も維持できている**からだと思います。

この最高の状態というのは、「41歳で迎えたソチオリンピックでの銀メダル獲得」という過去最高の結果にもつながりました。このときは、団体戦でも3位に入賞し、メダルを2つもとることができました。

21歳でのぞんだ2度目のリレハンメルオリンピックで、団体戦の銀メダルを獲得してはいましたが、**個人でのメダルは、それまで一度も手にすることができていなかった**のです。

25歳で迎えた日本開催の長野オリンピック、29歳のときのソルトレークシティオリンピック、33歳のときのトリノオリンピックと、どの大会でも過酷なトレーニングを積み、万全な状態で迎えたはずでした。

しかし、成績はまったくふるわず、長野オリンピックでのノーマルヒル7位以外、入賞さえできませんでした。

ようやく光が見えたのは、37歳で迎えた6度目のバンクーバーオリンピック。

メダルには手が届きませんでしたが、はじめて納得のいくジャンプができたのです。

いま思えば、**30代半ばまでの私は、ずいぶんと「空回り」をしていた**と思います。

過酷なトレーニングによって高いフィジカル能力は手にしていたものの、それをうまく活かす方法も、心のコントロールも十分にできてはいませんでした。

「若さ」に任せてがむしゃらに突っ走り、体も心もかたい鎧《よろい》で覆い、周囲の声にも耳を貸さず、「誰よりも厳しいトレーニングをすればメダルを獲得できる」と信じていたのです。

しかし**30代になって、ようやく「がむしゃらにやるだけでは、どうにもならない」ことに気づきました**。そして私は、肉体面でも精神面でも、トレーニング方法を大幅に見直し、「新しいやり方」に変えていったのです。

そうして多くの試行錯誤の結果、**私は40歳を過ぎて、ついに「最高の自分をつくり出す方法」を見つけることができました**。

その**「肉体づくり」「メンタルづくり」のすべての秘訣を余すところなく書いたのが、本書**になります。

★

40歳を過ぎて「最高の自分」になれる
「肉体+メンタルづくり」の秘訣をすべて公開!

## 葛西式メソッドで「衰えない体」と「戦いつづける強いメンタル」を手に入れる

41歳で「過去最高の成績」を残し、銀メダル・銅メダルを手にしたソチオリンピック以降、次のような質問を受けることが多くなりました。

**「長い間、第一線で活躍できる秘訣は何ですか?」**
**「40歳を過ぎて、記録を更新しつづけるコツは?」**
**「辞めないで、モチベーションを保てる理由は?」**

とりわけ40代以降のビジネスパーソンのみなさんが、私の競技人生に興味をもってくれているようです。

**40代は一般的には、体力や気力が衰えていくといわれる年代**です。いつも上っていた階段がつらい。走るだけですぐ息切れしてしまう。昔はスポーツをしていたのに体がついてこない。子どもと一緒に遊んでいたら筋肉痛になってしまった、という話もよく耳にします。

そして、「40歳を過ぎたら、体力が落ちても当然だよな」「若いころみたいに、無理はできないよな」と**自然と老いを受け入れてしまう年代**ともいえます。

また、「寝ても疲れがとれないし、仕事もいまいちやる気にならない……」と**心身ともに不調を訴える人が増えてくる年代**でもあります。

多くの人にとって、**40代は、脂が乗って働き盛りの時期にもかかわらず、体力や気力の低下を感じ、それを「年齢のせい」にしはじめてしまう年代**ではないでしょうか。

しかし私は、40歳を過ぎて「最高の自分」をつくり、持続できています。

私がどのようにして、40歳を過ぎてなお「衰えない体」を維持しているのか。どうやって、戦いつづける「強いメンタル」をもちつづけられているのか。

**本書では、その「葛西式メソッド」の秘密をすべて公開する**つもりです。

★

## 葛西式メソッドなら、「衰えない体」と「強いメンタル」を維持できる！

## 「自分の夢」は「正しい努力」で叶える

**「夢は、努力で叶える」**

という言葉を、私の座右の銘にしています。

しかし、より正確にいうと、次の言葉こそが私の信念を表しています。

**「自分の夢は、正しい努力で叶える」**

まず、自分自身で設定した夢に自信をもつ。そのうえで、自分の努力によってそのゴールまで近づいていく。

私自身、「オリンピックで金メダルをとる」という夢に向けて4年間、地道な努力を続けています。

ただし、**ここで大切なのは「正しい努力」をするということ**です。

何事も、成果を残そうと思えば、多かれ少なかれ努力は不可欠です。

しかし、30代半ばまでの私のように、**「がむしゃらに努力」するだけでは、決していい結果を得ることはできない**のです。


とくに30代半ばを過ぎると、肉体面でも精神面でも、無理がきかなくなってきます。

20代のときに通じたやり方に固執していては、体力・気力が衰えてくる以上、行き詰まってしまうのは目に見えています。

20代と同じやり方を続けているかぎり、ほとんどの人がパフォーマンスを徐々に低下させていくことになるのではないでしょうか。


しかし、30代はもちろん、**40代、50代になっても、体力や気力の限界を理由に会社を辞めることができないのがビジネスパーソン**です。

20代はがむしゃらに壁にぶつかっていけばいいのですが、経験を積んだビジネスパーソンこそ「正しい方法」で体力の維持を実践する必要があります。

★
## 「若さに頼った方法」では、30代以降、行き詰まるのは目に見えている

30代半ばを過ぎると、**「若さに頼った、がむしゃらな努力」ではうまくいきません。**

**自分にとって「正しい努力」を重ねることこそが重要**になってくるのです。

## ✓ あなたは「年齢にふさわしい努力」をしていますか？

では「正しい努力」とは何なのか？

**私が長年の競技経験からたどり着いたポイントは、次の2つ**です。

### ❶ 自分の努力は「目的に見合っている」か

ひとつは**「いまやっている努力が、本当に目的に見合った努力なのか」**をきちんと確認することです。

たとえば、スポーツ選手の場合、ある程度の筋力トレーニングが必要不可欠なのはいうまでもありません。

しかし、スキージャンプは筋肉をつけすぎて体重が重くなると、飛距離が伸びなくなります。どんなに一生懸命に筋トレをしても、逆に悪い結果につながってしまうのです。

つまり、**無闇やたらに筋トレをしても、それは「間違った努力」になる**わけです。

スキージャンプ選手である私の場合、両手を使わないという競技の特性上、上半身の筋トレよりも、助走体勢や踏み切りに重要な下半身を鍛えるのが、「正しい努力」の方向になります。

みなさんの中に**「結果が出ない」と感じている人がいるならば、それは「努力の方向性」が間違っている**のかもしれないのです。

**❷自分の努力は「年齢に見合っている」か**

そして、私が強調したい「もうひとつの正しい努力」というのは、**「自分がやっている努力が、はたして年齢に見合った努力なのか」**という点です。

これは、多くの人にとって盲点かもしれません。

スポーツ選手の中にも、「体力の限界」を理由に第一線を退く人は少なくありません。

スポーツの特性によってその年齢はまちまちですが、**「スキージャンプの選手寿命は30歳」**ともいわれています。

たしかに私自身、30歳は体力の衰えを感じはじめた時期でもあります。

しかし、同年代の選手たちがどんどん引退していく中でも、現役を辞めようと思った

★
「目的に見合った努力」をしていますか？

「年齢に見合った努力」をしていますか？

ことは一度もありません。

なぜなら、**「年齢に見合った」効率的なトレーニングに移行することで、限界どころか、世界で十分勝負できるだけの体力と気力を維持できる**と確信しているからです。

長い選手生活を続けるためには、年齢との戦いは避けられません。

しかし、**「やり方」「考え方」をちょっと変えるだけで、よりよくしていく方法はいくらでもある**のです。

「年齢に見合った正しい努力」というのはフィジカル・メンタル両面でいえることです。

40代になると、体力と同時に気力や集中力、向上心も低下し、「がんばりたいのに、がんばれない。どうしたらいいいんだ」と悩んでいる人も少なくないと思います。

なかには、「がんばれないのは、自分の努力が足りないからだ」と、若いころと同じようにがむしゃらに気力を奮い立たせようとしている人もいるかもしれません。

しかし、そう感じることができる人は、間違いなく「十分な努力」をしています。

むしろ私が見るところ、**ほとんどの人は、努力が「足りない」のではなく、努力を「向ける方向」と「やり方」が間違っている可能性が高い**と思うのです。

## 誰でもできる30のメソッドに完全体系化

**本書で紹介する「葛西式メソッド」は、私が35年を超える競技生活の中で、試行錯誤しながらたどり着いた方法**です。

決してアスリートにしかできない特別なものではありません。**誰もが実践できる方法や、いまの壁をぶち破るヒントを数多く紹介**しています。

**「疲労回復が早くなるコツ」**
**「メタボにならないコツ」**
**「年齢に見合った運動を続けるコツ」**
**「大事なときに緊張感をゆるめるコツ」**
**「モチベーションをアップさせるコツ」**
**「オンとオフを切り替えるコツ」**

こうしたコツを全部で30個に整理し、**ビジネスパーソンに必要な体力を維持する「フ**

★
## たった30のコツで、40歳以降の人生は劇的に変わる

**イジカル面」**と、**心を強くしなやかにする「メンタル面」**の両面から紹介しています。

どちらにも共通していえるのは、次の2点です。

**「無理はしない」**
**「笑顔で楽しく」**

**「葛西式メソッド」を実践することで、人生は大きく変わります**。

40代、50代のビジネスパーソンのみなさん。

「葛西式メソッド」で、焦らず楽しく、いくつになってもピークを更新できる人生を送りましょう！

［目次］

40歳を過ぎて最高の成果を出せる

# 「疲れない体」と「折れない心」のつくり方

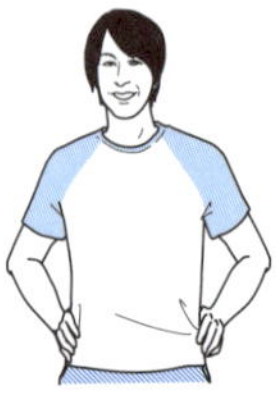

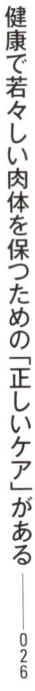

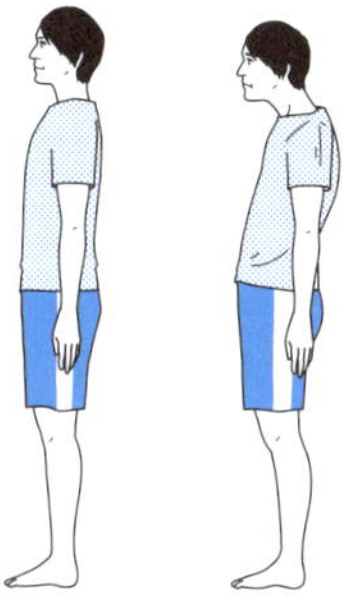

今日は柔軟だけやって早めに寝よ！

17℃～19℃

MILK

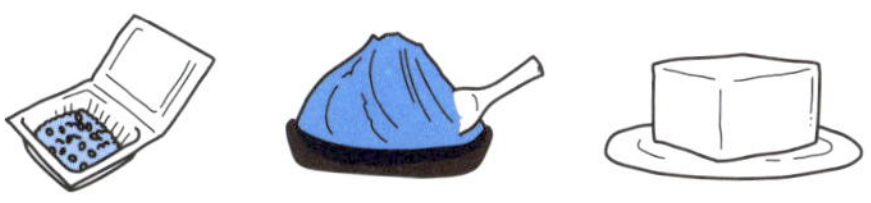

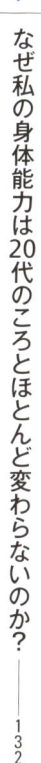

## 第4章……「折れない心」は「3角形の法則」で手に入れる！ 葛西式「メンタル強化メソッド」 153

After
Before

第5章……心が劇的に強くなる、本番で最高の成果が出せる！
最強の「イメージトレーニング」と「呼吸法」を初公開 191

第1章

# これだけで効果絶大！「疲れない体をつくる」葛西式5大メソッド

## 健康で若々しい肉体を保つための「正しいケア」がある

本書の冒頭でも述べたように、**一般的に人間の体は20代をピークに衰えはじめ、40代になるとその勢いは加速度を増していく**といわれています。

しかし、少しきつい言い方になりますが、衰える人は「衰えを受け入れてしまった人」ともいえると思います。

というのも、私の持論としては、**「正しいケア」をすることで40代になっても50代になっても、健康で若々しい肉体を保つことはできる**からです。

しかし、残念なことに**「衰えるのは仕方がないこと」と年齢の壁を受け入れてしまっている人は世の中に多い**ように思います。

「体がだるくて、何をするにも面倒」

「やせにくくなったせいか、お腹が出てきた」

「腰が痛くてデスクワークがつらいし、なんだか背中も丸くなった」

また、「若いころのように無理がきかなくなった」という声もよく耳にします。

「残業が続いたり徹夜をしたりすると、しばらく体力が戻らない」

「二日酔いが抜けるまでに時間がかかる」

「立ち上がるときに『よいしょ』ということが増えた」

「若いころと違って、階段を上るだけで息切れするようになった」

同僚との飲み会の席で、こうした**「年をとった衰え自慢」**の話題で盛り上がることはないでしょうか。

最初はちょっと弱音を吐きたかっただけなのに、

「そうそう！　俺も」

「年をとるといろいろあるよな」

「まあ、そういう年なんだから仕方がないよね」

などと思わぬ賛同を得てしまうと、**「なんだ、みんな年をとると同じなんだ」と変な安心感を抱いてしまうと同時に、そんな自分を肯定してしまいがち**です。

★
「年をとった衰え自慢」で盛り上がり、

「みんな同じだ」と諦めていませんか？

もちろん私自身も、ふとした瞬間に体の衰えを感じることはあります。やはり20代のころと同じようにはいきません。ケガが増えたり、疲れがとれにくくなったり、集中力が続かなくなったり……。

そういった場面に出合うたびに、私はどうすればその衰えを止め、自分を強くしていくことができるのか、トレーニング方法はもちろん、考え方や日常生活における改善点をくり返し見直してきました。

**その結果たどり着いたのが、これから紹介する5つの「葛西式フィジカルメソッド」**です。

この方法を実践するようになって、**「年齢の衰えを感じない体」に徐々に変わっていく**ことができたのです。

## 「疲れない体」こそ、40代に必要な最強の体

「年齢の衰えを感じさせない体」というと、ひたすら筋トレをして20代の体を目指すと思われるかもしれません。

しかし、そうではありません。むしろ、**過剰な筋トレは「目標とする体」から遠ざかります**。

「はじめに」でも書いたように、**30代半ばを過ぎたら、「年齢に見合った方法」を実践する必要がある**のです。

では、40代以上のビジネスパーソンにとって「最高の体づくり」とは何なのか。それはズバリ、

## 「疲れない体をつくる」

ことではないでしょうか。

**仕事で最高のパフォーマンスを発揮できなくなる要因として、「病気」「ケガ」の次に怖いのが「疲れ」**です。

「今日は疲れている」と感じるだけで、仕事もプライベートもブレーキがかかってしまうものです。また、「疲れ」がたまると、フットワークも重くなるし、気力も落ちていきます。ストレスもたまりやすくなり、イライラすることも増えてしまいます。

★
30代半ばを過ぎたら、「年齢に見合った方法」が大切!

この**「疲れ」が慢性的になっていくと「衰え」につながる**というのが私の考え方です。

よって本書で紹介する**「葛西式フィジカルメソッド」では、「いかにして『疲れない体』をつくるか」「疲れを感じても、いかに早く回復させるか」がテーマ**になっています。

## 「疲れない体」をつくる最大のポイントは？

では、「疲れない体」をつくるためには何が必要なのか。

**「疲れない体」をつくる最大のポイントは、ズバリ「代謝を上げること」です。**

**年齢とともに増えてくる不調の多くは、じつは「代謝の低下」が原因**というケースが少なくありません。

というのも、**代謝が下がることで、体内にたまる疲労物質を体外へと排出する力が弱**

★
# 年齢とともに増える不調の多くは じつは「代謝の低下」が原因

**まってしまい、日々の「疲れ」がとれにくくなってしまう**からです。

そうして疲労回復が遅くなっていくと、メンタル面にも悪影響を及ぼし、気力や向上心を奪っていきます。

**「健全な精神は、健全なる身体に宿る」**といいますが、まさにそのとおりです。

人間、体が資本です。**体が整い、体調がよくてこそ、ネガティブな精神は吹き飛び、メンタルも強くなっていく**ものです。つまり、**代謝アップを促す運動や行動は精神面にもプラスの影響を与える**といえるのです。

あなたの肉体には、まだまだ伸び代《しろ》が隠されています。

まずは葛西式フィジカルメソッドで「代謝」を上げ、「疲れない体づくり」を始めましょう。

## コツ01

**★40代になったら「疲れない体」こそ最高の武器になる。「代謝をいかに上げるか」が「疲れない体」をつくる最大のポイント。**

葛西式フィジカルメソッド 1

# 体幹を鍛えて姿勢を整える

## 座るだけでも人は疲れる！ 姿勢を見直すだけで、肉体も精神も強くなる

### よい姿勢は人間力を上げる
#### ——物理的な姿勢のよさ＝精神的な姿勢のよさ

代謝をいかに上げて、どのようにして「疲れない体」をつくるか——。

その方法はこれから順次解説しますが、まず意識してほしいのが「姿勢」です。

「姿勢をよくすることで、代謝が上がり、疲れない体になるの？」

と思われるかもしれませんが、じつは**どんな姿勢で生活するかは、代謝のみならず、日ごろの疲れに大きく関係している**のです。

**姿勢が悪い理由のひとつは「体の歪み」にあります**。

「体の歪み」というのは、頭から足までまっすぐであるはずの体の重心線が、本来あ

るべきところからズレている状態です。

体が歪むと、血液の流れが悪くなり、代謝を下げる一因になってしまいます。その結果、**疲労回復を遅らせ、「疲れる体」を生み出してしまう**のです。

私は**「姿勢は人を表す」**と思っています。

**「物理的な姿勢」がよければ、「肉体面が整う」だけでなく、「精神的な心構え」もよくなっていく**ものです。実際に、姿勢を正せば、気持ちもしゃんとしてきます。

「姿勢はよいほうがいいに決まっている、そんなの当たり前だ」と感じた読者は多いと思いますが、この「当たり前」ができない人が世の中にどれだけ多いことか。

**わかっていてもできないことのひとつが、まさに姿勢を整えること**ではないでしょうか。

## ★ 体が歪んで「姿勢が悪い」と、それだけで「疲れやすい体」になる

## 「いまのラクな姿勢＝疲れない姿勢」ではない

私はソチオリンピックで2つのメダルを獲得したことで、頻繁に講演会などに呼ばれるようになり、それ以来、姿勢をさらに意識するようになりました。

改めて自分自身を観察してみると、**背筋の伸びている姿勢が、体の疲れ具合に影響している**ことがわかりました。

**「背筋がまっすぐにぴんと伸びている」姿勢は、じつは最も疲れない、ラクな姿勢であることに気づいた**のです。ソファーや背もたれのある椅子にもたれて座ったり、壁に寄りかかるほうが疲れを感じます。

こう話すと、みなさん驚かれます。

「いやいや、背筋を伸ばすと疲れますよ。こっちのほうが断然ラクです」といいながら、背中を丸め、左右のどちらかに体重をかける姿勢をされる人もいます。

逆に、胸を突き出して腰をそらせた姿勢のほうがラクという人もいます。

しかし、そういう人に強調したいのは、**「いまラクな姿勢」は、必ずしも「疲れない姿勢」ではない**という点です。

**姿勢が悪い人ほど、「ラクな姿勢」といいながらも、姿勢を頻繁に変えています。**

体重を逆側にかけてみたり、足を組んでみたり、時には肩を回してみたり……。みなさんのまわりでも、頻繁に体を動かし、姿勢を変える人はいないでしょうか？

なぜ姿勢をコロコロ変えるのか。それは、同じ姿勢でいると疲れるからです。

**頻繁に姿勢を変えている人は、じつは「疲れる姿勢」をとってしまっている**のです。

## 背筋が伸びた「正しい姿勢」が、本来は「いちばんラクな姿勢」

**背筋の伸びた「正しい姿勢」なら、長時間でも同じ姿勢を保っていられます。**

私はよく取材や講演会で長時間、話をしますが、座って取材を受けている間も、立って講演会で話をしている間も、ほとんど姿勢を変えません。

なぜなら「疲れない姿勢」をしているからです。2〜3時間の長丁場でも、体の疲れ

★
姿勢を頻繁に変えるのは、同じ姿勢でいると疲れるから。「姿勢が悪い」証拠！

## ► 正しい姿勢と、歪んだ姿勢

ラクで、しかも疲れない姿勢

ラクだけどじつは疲れる姿勢

○ 正しい姿勢

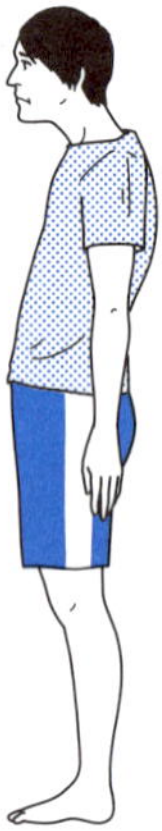

× 悪い姿勢

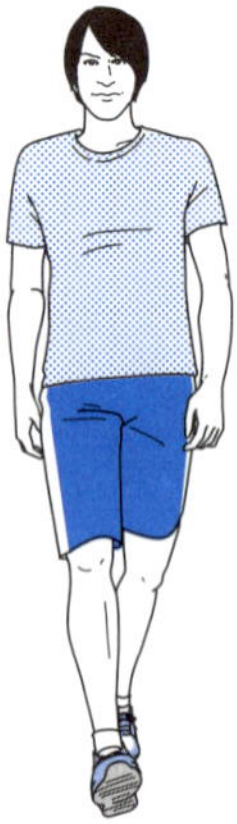

○ 重心を意識すると
歩いても疲れない

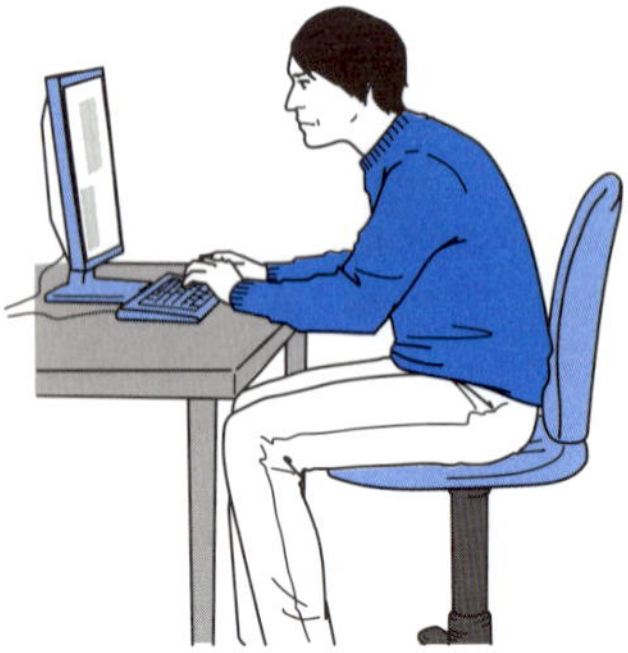

× 首が前に出ると
背中が丸くなる

を感じることはほぼありません。

**本来、ラクな姿勢とは「疲れない姿勢」であり、それは背筋の伸びた「正しい姿勢」**なのです。

みなさんが無意識にとっているラクな姿勢というのは、たいていの場合、じつは筋肉に余計な負担をかけています。体が歪み、バランスが偏っている「悪い姿勢」では、無意識に傾いた側に体重という過度な負荷がかかっています。

それによって筋肉が疲れ、結果として「疲れる体」をつくることにつながります。

しかし、**背筋が伸びた「正しい姿勢」であれば、バランスよく均等に筋肉を使っているため、体への負担が少なくなります**。

**背筋が伸びた姿勢は、本来は負荷の少ない「ラクな姿勢」であり、じつは「疲れない姿勢」でもある**のです。

## みんな本当は「正しい姿勢が何か」を知っている

講演会や懇親会にうかがったときに、年配の方々からよく、

「葛西さん、背筋がピシッとしていて姿勢がいいね」

と褒めていただきます。

どんなことでも褒められると嬉しいものですが、姿勢を褒めていただけることほど嬉しいことはありません。人生経験が豊富で、さまざまな方面でご活躍されている方々からの褒め言葉なら、なおさらです。

ある懇親会で、会が始まるや否や、第一声で私の姿勢を褒めてくださった方がいました。

その方は70代でしたが、背骨が天井へとまっすぐに向かうような姿勢のよさがありました。

おもしろかったのは、「葛西さんは姿勢がいいね」という一言を聞いたその場にいた十数人全員が、パッと背筋を伸ばし、姿勢を正したことです。

素直に反応されるみなさんの姿には微笑ましささえ感じましたが、「自分の姿勢は、あまりよくない」「背筋を伸ばした姿勢こそ本来のよい姿勢だと、みんな本当はよく知っている」と実感した場面でした。

## コツ02 ★「いまのラクな姿勢」が「疲れない姿勢」とは限らない。背筋の伸びた「正しい姿勢」なら、長時間でも疲れない。

### ✓ 体幹を鍛えれば、「正しい姿勢」と「疲れない体」がいっきに手に入る

では、どうすれば背筋の伸びた「疲れない正しい姿勢」を維持できるのか。

**ポイントは「体幹」**にあります。

**体幹を鍛えることで「体の軸」が安定するため、自然と姿勢もよくなる**のです。

逆に、体幹が弱い人ほど、姿勢は悪くなりがちです。

みなさんご存じのように、スキージャンプはストックを使わず、スキー板のみで行う競技です。自分の体だけでバランスをとらなければなりません。

・スターティングゲートからアプローチ（助走路）までの助走体勢
・カンテ（踏み切り台）で踏み切り、空中へ跳び出したら、きれいな姿勢を保ったまま飛行
・ランディングバーン（滑走路）に着地すると同時に、テレマークポーズをとる

この一連の動作を可能にするのが、なによりも**体幹の安定によるバランス力**です。

そのため、体幹トレーニングは欠かせません。私自身、体幹トレーニングを非常に重視していて、それが日ごろの姿勢のよさにも一役買っていると思います。

**ほかのスポーツと比較して、スキージャンプの選手には姿勢がいい人が多いといわれるのは、この体幹と大きく関係している**のではないでしょうか。

**体幹の重要性は、年齢を重ねるごとに実感する**ようになりました。

ジャンプの技術に直結するだけでなく、**ケガをしにくくなり、「疲れにくい体」をつくるためにも役立っている**と感じるからです。

**「体幹が弱くなる→姿勢が悪くなる（体が歪む）→代謝が悪くなる」**という悪循環に入

ってしまうと、座っているだけでも、立っているだけでも、むしろ休んでいるときでさえ、「疲れる体」をつくり上げてしまいます。前述したように、体が歪むと代謝低下を招き、疲労回復に時間がかかるからです。

逆に、**「体幹を鍛える→姿勢がよくなる→代謝が上がる」**という好循環に入れた人は、**「正しい姿勢」こそが「ラクな姿勢」になっていき、「疲れない体」を手に入れることができる**のです。

## ✓ 葛西式「体幹トレーニング」の極意

では、体幹を鍛えるにはどうすればいいか。

ここでは、みなさんが自宅で気軽にできる、おすすめの「寝る前3分でできる！体幹トレーニング」を紹介します。詳しくは次ページの図表を見てください。

このトレーニング方法の優れている点は、**ベッドや布団さえあればできるというこ**

★

寝る前3分でできる「体幹トレーニング」で、「正しい姿勢」と「疲れない体」がいっきに手に入る！

Kasai's Training

## ►寝る前3分でできる! 体幹トレーニング

体幹とは、表面の大きな筋肉ではなく、体の奥にある小さな筋肉のことです。

それを意識するためには、おへそから1センチ下のお腹をへこませることが重要になります。

❶
仰向けに寝たら、
両膝を立てる

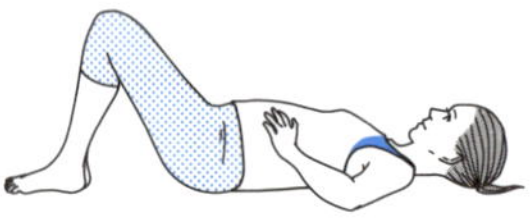

❷
おへその1センチ下を、1センチ
へこます程度に力を入れる

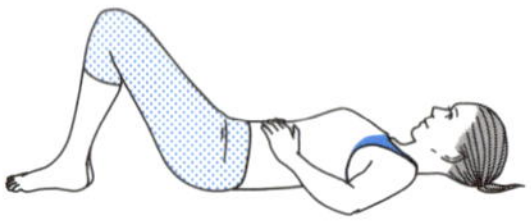

❸
❷の体勢のまま、上半身を
ゆっくり起こす

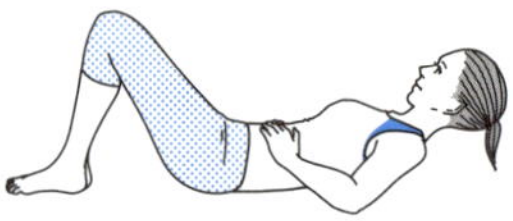

❹
おへそが見えたら
3秒間キープ

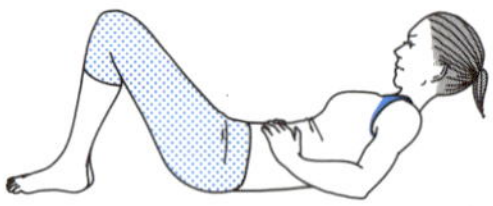

❺
ゆっくり息を吐きながら
❶の体勢に戻る

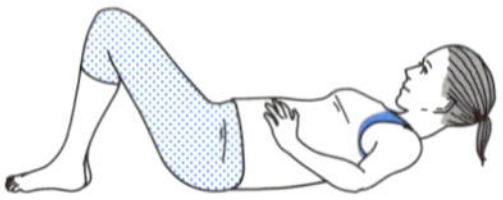

❻
❶～❺を5セットくり返す

**と。しかも寝る前の3分間でできます。**

普段のトレーニング後だけでなくオフの日なども、私の体幹を鍛える軸となっているトレーニングです。

## 「スラックライン（綱渡り）」でも体幹を鍛える

私はこの体幹トレーニングに加えて、「スラックライン」というトレーニングメニューも取り入れています。

スラックラインとは「綱渡り」のことです。

私がやっているのは、5センチ幅のラインの上を、バランスをとりながら歩くトレーニングです。体の軸となる体幹がしっかりしていないと、上手に歩くことができません。

スラックラインは、何もない空中で飛行体勢を保ちつづけなければいけないスキージャンプには、最適な体幹トレーニングといえるのです。

体幹というのは筋トレでは鍛えにくい部位のため、全身を使った運動

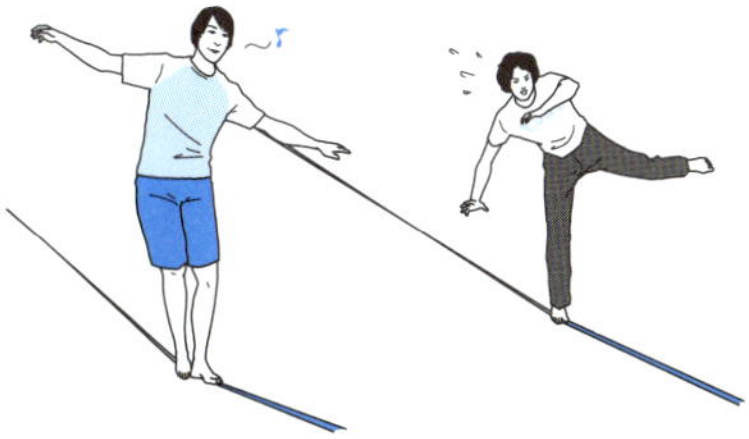

や軸を意識できる運動が向いているといわれています。
ほかの冬季競技の選手は、体幹を鍛えるために下駄を使ったり水の入ったバックを背負ったり、バランスボールを使ったりするそうです。

## コツ 03 ★ 体幹を鍛えると、姿勢は驚くほどよくなる。寝る前3分でできる「体幹トレーニング」は超おすすめ。

### ✓ ねこ背を撃退する方法
### ——パソコンやスマホの正しい使い方

**姿勢が悪くなっている原因が、体幹が弱っている点にあり、それが代謝を下げ、「疲れやすい体」をつくっている**ことはおわかりいただけたかと思います。

では、「姿勢の悪さ」で多くの人が悩んでいる「ねこ背」はどうすればいいでしょうか。

どんなに体幹を鍛えても、姿勢の悪さ＝ねこ背を誘発してしまう生活習慣があります。

それは、パソコンやスマホの使用です。

パソコンやスマホを見る際の姿勢を思い出してください。ほとんどの人が頭を前に倒し、背中を丸めた姿勢になっていますよね。

とくにノートパソコンの場合、モニター画面を見る目は下を向き、首は45度くらいに曲がりがちです。

スマホの場合は、首が60度近く曲がっていることも珍しくありません。

重い頭が前に倒れれば、肩や背中が引っ張られて丸まるのは当たり前。

こんな姿勢が続けば、首、肩、背中、腰と上半身は凝り固まり、当然、代謝は落ちていきます。

Kasai's Training

## ▶姿勢がよくなるパソコンの使い方

### ◉パソコン使用時の姿勢

パソコンを使用する際に前かがみになりやすい原因はモニター画面の位置にあります。目線より下にあるので視線が下がり、どうしても頭が前に倒れてしまうのです。
そこで、モニターの角度を変えたり、台の上に置いたりして、モニターと目線が正面になるように調整してみましょう。背筋が伸びた状態でラクに作業ができるようになります。

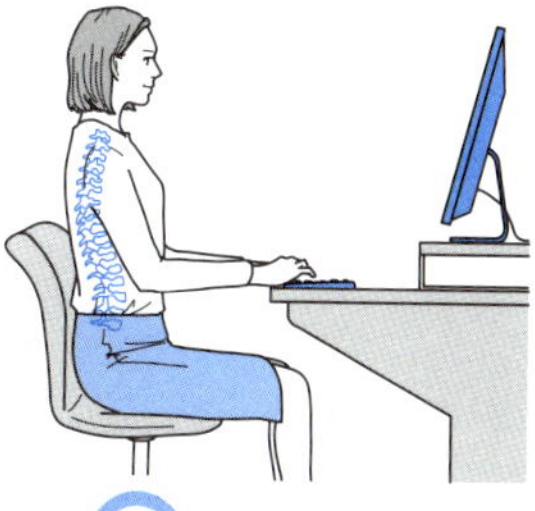

○ 正しい姿勢

× 悪い姿勢

ただし、これだけパソコンやスマホが普及した現代、仕事やコミュニケーションを円滑にするためにも、姿勢が悪くなることを理由に使わないわけにはいきません。

そこで、使い方を少し見直してみましょう。

私がおすすめしている使い方は、前ページの図表のようなものです。

**「パソコンの使い方」をちょっと変えるだけで、姿勢は大きく変わります**。

本当はスマホも、できるだけ首と背筋が曲がらないように使うのが理想的です。ただ、手で顔の高さにスマホを持ち上げて使うのは腕が疲れてしまうため、現実的ではありません。ですから、できるだけ首と背筋が曲がらないような疲れない位置で使うように心がけてください。

現代人は、もはやパソコンとスマホを手放すのが困難で、**長時間使うことも多いからこそ、「正しい姿勢での使い方」を身につけ、「疲れない姿勢」を習得したい**ものです。

## コツ 04 ★ ねこ背の原因は、パソコン・スマホのことも多い。画面を「目線の高さ」に合わせるだけで、姿勢は驚くほど変わる。

葛西式フィジカルメソッド 2

# 1日10分のランニングで、体は劇的に変わる

## 三日坊主も大歓迎！ たった10分の運動で「疲れ知らずの体」になる

### 40代が抱える悩みを解決！「ランニング」は万病に効果あり

各種スポーツにおいて、走ることは基本とされています。

ジャンプ競技は、どちらかといえばスタミナよりも瞬発力が求められるスポーツではありますが、それでもランニングは欠かさず実施しています。そのほかの瞬発力が求められるスポーツにおいても、ランニングは基礎トレーニングとして重要視されています。

それは、体を動かすということは「走ること」が軸になっているからです。

私が知るかぎり、**「疲れた」が口ぐせのようになっている人、なにかとすぐに疲れやすい人はランニングをまったくしていない人が多い**ように思います。

しかし、**ランニングには、みなさんの体を劇的に変える効果がある**と私は確信してい

ます。

「ランニングか……、面倒くさい」と感じた人は、次ページの図表に記した効果一覧を見てください。ランニングによって得られるメリットは、こんなにたくさんあります。**40代だからこそ、必要になってくる要素ばかり**ではないでしょうか。

「体力がつく」「やせる」「デトックス」など、フィジカル面ばかりがクローズアップされがちですが、**じつはランニングはメンタル面にも効果がある**のです。

私自身、疲れがたまって気持ちをリフレッシュしたいときや考え事をしたいときは、ランニングをするようにしています。

40歳を超えて体力が落ちたり、体調を崩しやすくなったりしがちなのは、ランニングの効果としてあげたものと、逆のことが起きているからです。

**持久力や筋力が低下することで、代謝は落ち、体重は増え、老廃物を抱え込み、疲労はたまる一方。そして免疫力は落ちていく……**。

そうなれば当然、メンタル面にも影響し、**イライラしたり、やる気を失ったりという悪循環**に陥ります。

「自分のことだ……」と呟いた人は、**ぜひ悪循環から抜け出すために、まずはランニングを始めてください。**

ランニングは、場所も時間も選びません。

雨さえ降っていなければ、どこでもひとりでできます。

高価なランニングウェアやシューズも必要ありません。

ジムに行く時間がなければ、**ランニングシューズを履いて一駅歩くだけでも自分が変わっていくことに気づく**はずです。

マラソン大会に出場するわけではないので、過剰に走らなくても構いません。ちょっと早歩きなど、つらくない速度から体を慣らしていきましょう。

Kasai's Training

### ▶ランニングの効果はこんなにある

◉フィジカル面の効果

- 持久力が上がる
- 筋力がつく
- 代謝が上がる
- 体重が落ちる
- 老廃物を出す
- 疲労回復につながる
- 免疫力のアップ

◉メンタル面の効果

- リラックス効果
- 爽快感
- 頭がすっきり
- 前向きになる
- ランニング中に考え事ができる
- イメージトレーニングができる

## 「運動を始める」とっておきのコツ
### ——10分間のウォーキングから始めて、ストレスのない範囲に量を設定

メリットがわかっても、運動というと、どうしても尻込みしてしまう人は少なくないでしょう。

「時間もないし、気力もないし、どうせ始めても続かないし……」

そんな人のために、私が実感する**「運動を始めるためのコツ」**をお教えします。

始められない、もしくは継続できない人には、ひとつの特徴があるように思います。

それは**「目標設定が高くて失敗する」**ことです。

「毎日、1時間以上、相当な距離を走らなければ……」

「せっかくジムに入会したのだから、毎週行かなくては……」

と思ったら、やる前からうんざりしてしまうのは当然ですよね。

最初こそやる気満々で始めてみても、毎日、1時間以上、相当な距離を走っていたら、あっという間にプツンとやる気は失せてしまいます。

**私だってそんなに高い目標を立ててしまったら、続かない**と思います。

では、どうすれば、重い腰を上げて、運動を日々の習慣として始められるのか。

先ほどの裏返しで、**「運動を始めるためのコツ」は、最初の目標設定をできるだけ低くし、運動をする時間も「最初は10分間から」始めて「最大でも30分間にする」**ことです。

まずは**「最初の目標設定を、ストレスを感じないレベルまで下げる」**ことがポイントです。

最初は、10分間のウォーキングから始めてみてください。

**「10分間だけ、しかも歩く」と思えば、できそうな気がしてきませんか？**

10分間のウォーキングが続くようになったら、時間を5分間延ばして15分間にしてみてください。さらに、20分間、30分間と時間を延ばしていきましょう。

そして、ウォーキングに慣れてきたら、ジョギング、さらに慣れてきたら少しスピードを上げてランニングに変えていきます。

Kasai's Training

**▶時間は「まず10分間」から始め、「最大でも30分間」にするから、続けられる！**

**●運動時間の設定**

**10分間 → 15分間 → 20分間 → 30分間（最大）**

**●運動量の設定**

**ウォーキング → ジョギング → ランニング**

いずれにせよ、**時間は「最大でも30分間」でＯＫ**です。

たいていの人は30分間を過ぎると飽きてきて、次第にストレスを感じはじめます。それに、効果としても30分間運動すれば、カロリーは消費され、いい感じに汗をかくことができます。

つまり、**フィジカル面でも、メンタル面でも、「続けること」を考えれば、30分間というのがいちばん妥当な時間**というのが、私が40代にしてたどり着いた結論なのです。

**コツ 05**

**★運動を始めるコツは、なるべく目標を低くすること。1日10分のウォーキングなら、誰でも今日から始められる。**

## 「運動を継続する」とっておきのコツ
### ——「やらなきゃ」という義務感を捨て、あえて毎日やらない

運動をするうえで、もうひとつ大切になるのは**「継続すること」**です。

せっかく運動を始めたものの、三日坊主で長続きしないという人も多いと思います。

どうすれば運動を途中でやめずに、コツコツ継続することができるのか。

私が体得した**「運動を継続するためのコツ」は、「やらなきゃ」という義務感を捨て、「あえて毎日やらないようにする」**ことです。

**運動を継続していくうえで、大きな障害になるのが「義務感」**です。

「やらなきゃ」という義務感ほど、ムダな思考はありません。嫌々やっても効果は半減するし、やらなければやらないで罪悪感を抱いてしまうのが人間というものです。

ですから、日課でなくても構いません。

**できる範囲で「週に○回」と決めてしまう**のもいいですし、**やりたくない日を「やらない日」に決める**のもいいでしょう。

その際の注意点は、**「今日はやらない日」と早々に決めてしまう**ことです。

いつまでも「どうしよう」と考えながら、結局できなかったというのはかなりのストレス。運動をパッタリやめてしまう最大の原因になります。

また、「ランニングを30分間」までレベルアップしたからといって、いつもそうする

★「あえて毎日やらない」ことが運動を続ける大切なポイント

必要はありません。

**時間がない日は10分間でもいいし、気分が乗らないときはウォーキングでもいい**のです。**無理をせず、継続していくことを優先**させましょう。

それに、**たとえ三日坊主になってしまっても、運動をまったくやらない、いつまでも始めないよりはずっとマシ**です。やる気が出たら、また始めればいいわけですから。

それに、三日坊主でも断続的に続けていけば、いずれ継続へと変わっていくものです。

## 私だって1年間に3分の1は走らない日がある

私だって、毎日走っているわけではありません。

若いころは日課だったランニングですが、年齢を重ねるたびにその頻度も距離も変わってきました。

あえて毎日走らないようにしているのは、義務にするといやになるのと、あくまで「疲れない体」づくりを目標にしているからです。それに、

## コツ06

## ★運動を継続するコツは「心のストレス」を取り除くこと。運動時間は最大30分にして、あえて毎日やらないようにしよう。

走りたくない日にまで無理に走ると、ランニングがストレスになり、かえって逆効果になります。

1年間で計算すると、3分の1は走っていない日があります。それでも、十分に体力は維持できます。

できるときはしっかり走るけど、そうでない日は無理をしない。それくらいのゆるさだからこそ、続けられるのです。

なによりも「心のストレス」を取り除くことが、継続するには大切だと思います。

## ✓ 早起きの習慣までつくる！「朝ランニング」のすすめ

私の基本的なランニング時間は朝です。

朝日を浴びながら、新鮮な空気を思いきり吸い込み、体を動かして汗をかく。本当に気持ちのいい1日の始まりです。

**朝ランニングのメリットは、ランニングをすることで、その日の体調がよくわかる**ことです。

私の場合は、「今日は体が軽いな！」という日は汗が出やすく、「体が重いな……」と感じる日は汗の出が悪い。おもしろいように体は反応します。

**朝、ランニングをして汗の出る具合を見ることで、その日の自分の体の調子を知るバロメーターにする**ことができるのです。

そうしたら、「あれをしたから、よかったのかも！」「あれをしたのが、よくなかったのかな……」と自分の体に意識を向けて、体調の良し悪しの原因を探るようにしています。

私にとって、**体調管理に必要な情報をじっくり観察しやすいのは、脳と体がリセットされた朝**なのです。

朝の日光浴は、精神を安定させる「セロトニン」の分泌を活性化させるなど科学的根拠もありますが、そんな**理屈は別にしても、朝のランニングで気分がよくなるのは間違いありません**。

走っているうちに、どんどん頭も体も研ぎ澄まされて、「今日も1日がんばろう」という活力がみなぎってきます。

目的がないと、なかなか早起きができない人も多いと思います。

ぜひ、**朝ランニングを習慣化して、早起きの習慣までいっきに身につけてください**。

★朝ランニングを習慣にすれば、早起きの習慣まで身につく!

## サウナスーツを着ながらランニングすると、短時間で汗をかける

ちなみに、**私は通常、サウナスーツを着てランニングをしています**。

冬場はもちろん、春や秋も、そして30度を超える真夏でも、私はサウナスーツを着て

ランニングしています。

30分間というランニング時間で区切ると、ようやく汗が出はじめるという人がほとんどではないでしょうか。

しかし、**サウナスーツを着てのランニングでは、尋常ではない汗が最初から出ます。**

**もちろん無理は禁物ですが、時間がなくて短時間で汗をかきたい人には、サウナスーツを着ながらのランニングはおすすめ**です。

走り終わったあとの爽快感は、まさに格別の一言です。

運動を継続するためのコツをもうひとつあげるなら、この**「汗をかいたあとの爽快感を覚える」**ことではないでしょうか。

気持ちよさをズバッと実感するためにも、試しにサウナスーツを着て大量の汗をかいてみるのもいいかもしれません。

**3000〜50000円程度で買えるサウナスーツもたくさんあります。**

★
サウナスーツを着て走ると
短時間で効率的に汗をかける!

ただし、くり返しになりますが**無理は禁物**です。

まずは10分程度のランニングから始め、体が慣れたころに試してみてください。

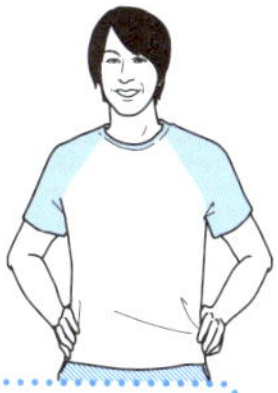

## 「移動による疲労」は、ランニングで回復できる！

私にとって、ランニングは「移動後の疲労回復法」でもあります。

私は1年の半分を海外遠征に費やしているので、その移動の距離とかかる時間たるや、それは凄まじい長さになります。

一例をあげてみましょう。

フィンランドでの試合が終わり、ノルウェーに向かったときの話です。

待ち時間も含めて1日がかりという移動はざらにあります。

早朝4時にホテルを出発し、オウル空港まで↓3時間のバス移動
オウル空港で↓4時間待ち
オウル空港からヘルシンキ・ヴァンター国際空港まで↓2時間のフ

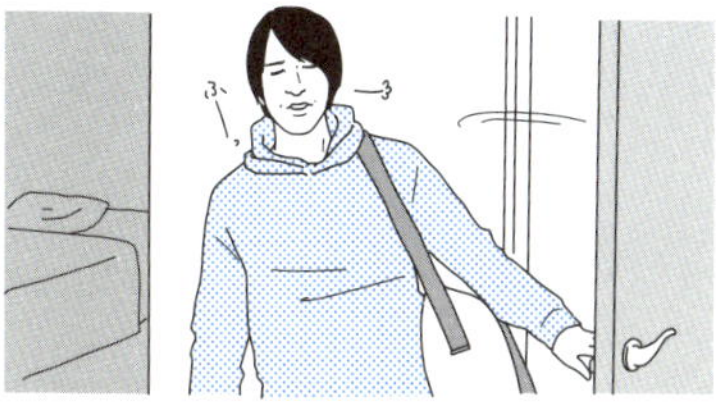

ライト

ヘルシンキ・ヴァンター国際空港で↓5時間待ち

17時30分発の飛行機でノルウェーのオスロ国際空港まで↓1時間30分のフライト

オスロ国際空港から試合会場のリレハンメルまで↓1時間30分のバス移動

ビジネスパーソンのみなさんも、出張で長時間の移動を余儀なくされる場面は多いのではないでしょうか。移動の時間ほど疲れるものはありませんよね。

めったに疲労を感じることがない私でも、移動だけは別。「どこでもドア」が売っていれば、貯金をすべて使ってでも手に入れたいくらいです。

疲れ切って現地に到着した私が、いの一番にすることはサウナスーツを着て走ること。

乗り物での移動中、私はほぼ眠れません。

睡眠不足ならびに、狭い機内や車内で座りっぱなしだったことで、体

はカチカチに固まり、代謝は滞り、心身ともに疲労困憊です。

そんなとき、低下した体の機能をいっきに取り戻し、疲労を回復してくれるのが、ランニングで思いきり汗を出すことです。

「疲れているのに走るって……」

と思った人も、だまされたと思って一度試してみてください。

ランニングで体を動かし、大量の汗をかくことで、きっと体が軽くなり、翌朝のリフレッシュ具合も違ってくるはずです。

## コツ 07

**★サウナスーツを着てランニングをすると、短時間でも大量の汗をかける。汗をかく爽快感を覚えると、ランニングがさらに楽しくなる。**

葛西式フィジカルメソッド 3

# 最強のストレッチで、体の柔軟性を取り戻す

## 「3つの筋肉」をほぐせば、100歳まで自分をサポートしてくれる

### 「筋力の低下」と並んで「柔軟性の低下」も、老いの敵

老いというと、「シワができた」「髪の毛が減った」といった見た目の変化ばかりに目がいきます。

しかし、本当のところは、次のような経験が「老いのサイン」だったりします。

- 遅刻しそうになって走ったら、転びそうになった
- 通勤で駅の階段を踏み外すことが増えた
- ちょっとした段差につまずきやすくなった
- なんともないのに、よく足がもつれる

なかには、酔っ払ってもいないのにズボンをはこうと足を上げたら、後ろに尻もちをついた、なんていう経験の持ち主もいるかもしれません。

これらの原因は何だと思いますか？

たいていの人は「筋力不足」と答えるかもしれません。

しかし、じつは**「柔軟性の低下」も「筋力不足」と並んで大きな問題**なのです。

肉体的な衰えを感じると、持久力や筋力にばかり目がいき、柔軟性に目を向ける人はほぼいません。

しかし、**筋力と同じく衰えているのが柔軟性**です。

先ほどのズボンも、片足で立つ筋力があっても、ズボンの穴まで足を入れる柔軟性がないせいだったりします。

**私も20代まではやっきになって「筋力をつけるトレーニング」を優先**していました。

しかし、筋力が上がれば飛距離が伸びるわけではなく、むしろ重くなるぶん結果から遠ざかってしまったのです。

## ★ 40代以降になると「筋力不足」と「柔軟性の低下」が問題

逆に、しなやかな柔軟性をつけることで跳び立つときの踏み込みだけでなく、飛行中の姿勢制御や、着地時の安定感にもつながっていきました。

**「柔軟性のなさ」「体の硬さ」は、みなさんが思っている以上に「疲れやすい体」をつくり上げてしまう**のです。

## ✓「下半身の柔軟性」に重要な3つの筋肉とは？

体の柔軟性の中でも、みなさんにとくに気をつけてほしいのが**「下半身の柔軟性」**です。とりわけ重要な筋肉は次の3つです。

**❶ハムストリング（大腿《だいたい》二頭筋《にとうきん》、半腱様筋《はんけんようきん》、半膜様筋《まくよう》／太ももの後面）**
**❷大腿四頭筋《しとう》（太ももの前面）**
**❸内転筋《ないてん》**

Kasai's Training

## ►「下半身の柔軟性」に重要な3つの筋肉

### ●重要な3つの筋肉と役割

**❶ハムストリング（大腿二頭筋、半腱様筋、半膜様筋／太ももの後面）　膝の屈曲、股関節の伸展**

動き：歩いたり走ったりするときに、前に進む（アクセル）筋肉

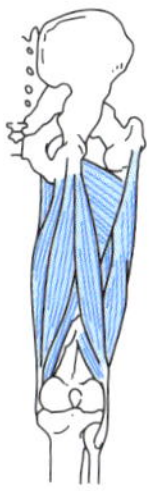

**❷大腿四頭筋（太ももの前面）　膝の伸展、股関節の屈曲**

動き：歩いたり走ったりするときに、ブレーキをかける筋肉

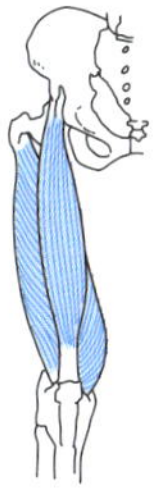

**❸内転筋　股関節の内転、股関節の屈曲**

動き：いわゆるスタビライザー的な動きをする筋肉

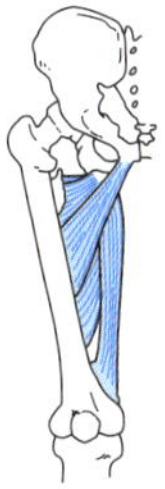

「❶ハムストリング」と「❷大腿四頭筋」は、主に膝や股関節の曲げ伸ばしをするために必要な筋肉であり、「❸内転筋」は股関節を動かすために大きな役割を担っている筋肉です。

すでにお気づきの人もいるかと思いますが、小さな段差でもつまずいてしまったり、足がもつれたりするのは、**自分が思っている以上に「足が上がっていない」**からです。

それはまさに、**「3つの筋肉」が固まっている証拠**なのです。

## 40歳を過ぎたら、筋トレよりストレッチを始めよう

「筋力の低下」と勘違いし、筋トレを始めたみなさん。

**いったん筋トレは中止して、まずはストレッチを始めてください**。

筋肉を柔らかくしてからでないと、質のよいしなやかな筋肉をつけることはできません。

なによりも筋肉が硬いまま運動をすると、肉離れを起こしたり、腰や膝を痛めたり、ケガを誘発する原因になります。

★
無理な筋トレはやめて
その分、ストレッチを始めよう!

40代以上のビジネスパーソンがまずやるべきなのは、**筋トレで「強い筋肉」をつけることではなく、ストレッチで「しなやかな筋肉」を手に入れる**ことです。

前述した**「3つの筋肉」をほぐすことで、下半身の可動範囲が広がり、歩行やランニングなど体を動かすのがラク**になります。

また、**ケガの予防にもなる**し、体をゆるめる行為のため**リラックス効果も期待できます**。当然、階段の踏み外しや、足のもつれも解消されるはずです。

そして、**なによりも代謝がアップし、疲労回復が早くなります**。

**40歳を過ぎたら、肉体面では「柔軟性」を最優先にケアする**ようにしてください。

## 葛西式「最強のストレッチ」で、しなやかな体を取り戻す

では、「3つの筋肉」をほぐして「柔軟性」を高めるために、どんなストレッチをすればいいのか。

次ページの図表に、私が実践している**葛西式「最強のストレッチ」をまとめました**。

★
「3つの筋肉」をほぐすことで、
体の「柔軟性」は取り戻せる!

## ストレッチ❷　大腿四頭筋

右足を正座の状態、左足をあぐらの状態にしたら、徐々に後ろに上半身を倒しながら上体を左にねじり、左腕を床につけます。

そのまま60秒キープしましょう。左右交互に行います。

伸ばしているのは太ももの前面「大腿四頭筋」です。そこを意識しながら、呼吸を続けます。

右足

左足

## ストレッチ❸　ハムストリング

座った状態で両足を伸ばします。

背中は丸めずに、両手で足のつま先をつかんだら、そのまま60秒キープします。つま先がつかめない場合は、腕を前に伸ばした状態、もしくは、膝を曲げてもOK。無理はしないでください。

伸ばしているのは太ももの後面「ハムストリング」です。そこを意識しながら、呼吸を続けます。

つま先がつかめない人は
膝を曲げてもOK

Kasai's Training

## ►「3つの筋肉」をほぐす！ 葛西式「最強のストレッチ」

### ◉ストレッチのポイント

- 伸ばしている筋肉を意識する
- 呼吸を止めない

### ストレッチ❶　内転筋

開けるところまで開脚したら、徐々に上体を前に倒していきます。膝は伸ばしたまま、背中が丸まらないように注意してください。

上体が曲がるところまで曲げたら、そのまま60秒キープしましょう。両足開脚がきつい人は片足ずつ行ってください。

伸ばしているのは「内転筋」です。そこを意識しながら、ゆっくりと呼吸を続けます。

▼

両足の開脚がきつい人は
片足ずつでOK

基本的にストレッチをする時間はいつでも構いませんが、**寝る前など、疲れがたまっているときに実践すると、その効果を実感しやすい**と思います。

ただし、**ストレッチは急激に効果が出るものではなく、地道な努力が必要**です。

ですから、**無理なく続けるためにも、ストレッチの種類は増やさず、一つひとつのストレッチを丹念に行う**ことに意識を向けてください。

## 「体の柔軟性」は「心の柔軟性」につながる

体の柔軟性を取り戻すことで、間違いなく疲れにくくなり、肉体は若返ります。

そうすると、精神面まで若返ってくるから不思議です。

科学的に実証されているかはわかりませんが、**「体の硬さ」と「心の硬さ」は比例するというのが私の実感**です。

私は1年のほとんどを、自分よりも年下の10代や20代の選手と一緒に過ごしています。

地元でのトレーニング、日本国内での合宿、ヨーロッパ遠征と、それこそ家族よりも彼らとの時間のほうが圧倒的に長いといえます。

しかし、子どものような年齢の後輩たちとのコミュニケーションが難しいと感じることはありません。すんなり若者の輪に入り、世代間ギャップもほとんど感じません。

それも、**日々のストレッチで「柔軟な体」と「柔軟な思考」を維持できているから**だと私自身は感じています。

もし、年齢の離れた部下とのコミュニケーションに悩んでいる人がいれば、まずはストレッチを始めて、体を柔らかくしてみることをおすすめします。

**体の柔軟性が高まれば心も柔らかくなり、気持ちに余裕も生まれて、部下との関係性もきっとスムーズになる**はずです。

コツ 08

★「3つの筋肉」をほぐすと、体と心の「柔軟性」が取り戻せる。葛西式「最強のストレッチ」を、ひとつずつ丹念に行おう。

## 私が飛行機の機内でやっているストレッチ

最後に、出張の多いビジネスパーソンのみなさんにおすすめの**移動中にできるストレッチ**も紹介しておきます。

一時期、「エコノミークラス症候群」が話題になりました。

長時間、狭い空間に座りつづけることにより、膝から下の静脈の中に血栓ができ、それが肺などに移動して臓器に損傷をきたす症状のことです。飛行機でのフライト中や到着後に起きやすい症状であることから、この名がついたようです。

私も遠征中の飛行機の中では、なるべく血流が滞らないように、首、腰のストレッチを欠かしません。それだけでも、**だいぶ疲労度は違います**。

出張で長時間のフライトの場合は、機内で仕事に没頭したり寝たまま過ごさず、**血流を促すストレッチ**を行ってみてください。

それをやるのとやらないのとでは、出張先でのパフォーマンスや集中力に差がつきます。

Kasai's Training

## ▶移動中にできる! おすすめのストレッチ

### ❶太ももとお尻のストレッチ

片足を両手でかかえて10秒ずつ伸ばします。体重の多くをお尻で支えるためどうしても血流が悪くなりがちな部位なのでしっかり伸ばしましょう。

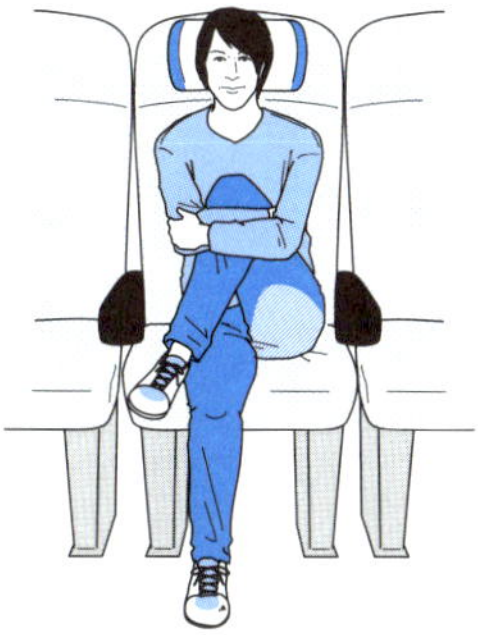

### ❷首と肩甲骨のストレッチ

後頭部に手を置き、腕の重さでゆっくりと首を前に倒して下を向きます。そのまま15秒間キープ。伸ばしている首や肩甲骨を意識することで効果はぐんとアップします。

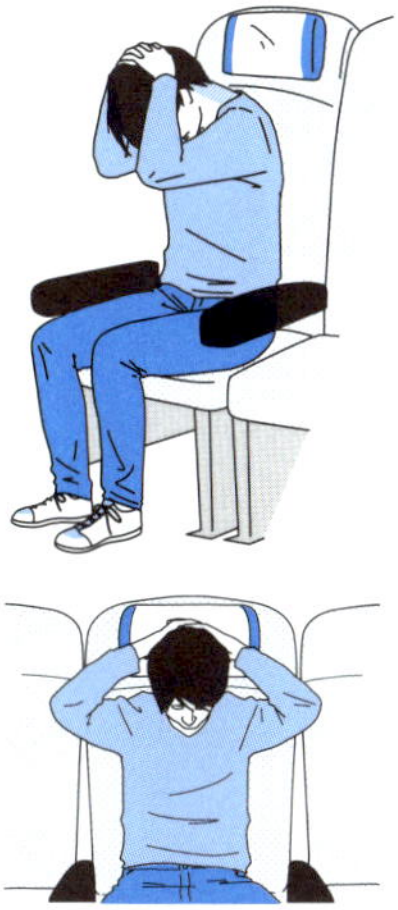

※左右の人にぶつからないように注意

葛西式フィジカルメソッド 4

# 5つのコツで、睡眠の質を高める

## 3つの習慣をやめるだけでも、「疲労の万能薬」は簡単に手に入る

**質のいい睡眠は、生活習慣を見直すことで手に入る！**

私の朝の目覚めは、いつも快適です。

遠征時の時差ボケ期間以外は、「体がダルくて起きられない」とか「頭がぼーっとしてなかなかエンジンがかからない」ということは、ほぼありません。

それは睡眠のおかげです。

**私の平均睡眠時間は6時間と若干短め**です。

それでも、**十分に体の疲れが回復するのは「睡眠の質」がいい証拠**だと思っています。

説明するまでもありませんが、疲労回復に睡眠は欠かせません。

しかし、**疲労回復に時間がかかる年齢になればなるほど、「睡眠の質」も比例して低**

**下していく**のが一般的だといわれています。

「眠りにつくまでに時間がかかるようになった」「夜中に何度も目が覚めてしまう」など、睡眠に悩みを抱えているビジネスパーソンは少なくありません。

「加齢か、それでは仕方がない……」と思ったならば、ちょっと待ってください。

前述したように、**衰えを感じたときこそ、さまざまな生活習慣を見直すいいチャンス**です。

**ほんの少し、いつもの習慣や考えを変えるだけで、驚くほど「睡眠の質」を改善できる方法**が多々あります。

私自身、**いろいろな方法を取り入れ、試行錯誤をくり返すことで、「睡眠の質」もぐんと高まった**と感じています。

ちなみに、**私の睡眠の最大の特徴をあげるなら、「布団に入ったら、すぐに熟睡態勢に入れる」**という点です。

私の睡眠時間は、布団に入っている時間とほぼ変わりません。

たまに夜中に目が覚めることはありますが、気がついたら起きる時間であることがほ

## ★生活習慣を見直せば、「睡眠の質」はぐんと高まる!

とんどです。いかに素早く睡眠に入れるかは「睡眠の質」に大きく関係しているのではないでしょうか。

では、そのために私は何をやっているのか。

**「睡眠の質」を上げるために、私がやっている生活習慣を見直すコツ**を紹介しましょう。

## 睡眠導入と、深い眠りに導く5つのポイント

質のいい睡眠がなければ、次の日の結果を手に入れることができません。私が長い競技人生の中で、実践しているのは次の5つです。

### ❶ 部屋は真っ暗にするのがベスト

部屋の灯りをつけたまま寝ている人は意外に多いようです。

しかし、「防犯のために、どうしても」という方以外は、ぜひその習慣を見直してみてください。

**できるだけ真っ暗にする**ことをおすすめします。常夜灯も消してください。**スマホの光はもってのほか**です。

光が目の中に入ってくると、**脳は「いまは活動時間」と勘違い**してしまい、眠りにつくまでに時間がかかってしまいます。

私は1年の半分ほどホテルや旅館に宿泊しますが、ホテルによっては薄めのカーテンしかついていないため、**「自分でマイカーテンをもっていこうか」**と思うくらいです。

それくらい**「部屋の暗さ」によって睡眠の質は大きく変わる**ように感じています。**暗くすることで、脳は「いまは活動休止時間」と認識**し、体にも「休め」と指令を送るので、すんなりと睡眠に入りやすく、眠りも深くなるように思います。

## ❷ 起きる時間は厳守！　二度寝はしない

平日も休日も、朝起きる時間はあまり変えないようにしています。

もちろん多少は時間が前後することはありますが、**「毎日同じ時間に起きること」「なるべく早く起きること」**そして**「二度寝はしない」**ように気をつけています。

起きてすぐに朝日を浴びることで脳が働き出します。

スキージャンプは国外大会が多く、時差を感じつつ競技にのぞまなければいけないこ

★

「布団に入っている時間＝睡眠時間」を目指そう！

とも多いものです。

「まだ布団に入っていたい」という欲求にかられることもありますが、しっかり窓を開けて朝の太陽光を体に取り入れることで体内時計を調整しています。

出張が多い人、生活が不規則な人ほど、起きたら太陽光を全身に浴びて脳と体をリセットするのはおすすめです。

ちなみに、寝る時刻は、とくに気にしなくていいと思います（過剰な夜更かしはＮＧですが）。

私も「何時までに必ず寝る」など無理に決めないようにしています。無理に決めてしまうと、それが**ストレスになり、疲れる原因になってしまう**からです。

決まった時間に早く起きる癖がある人は、あくびが出たタイミングや目をこすったタイミングなど、自然と決まった時間に眠くなる行動が生まれます。

### ❸楽しいことを考える

もちろん私にだって、うまく寝られない夜はあります。

**どうしても眠れない場合は、なにか「楽しいこと」を考える**ようにしています。

「休みがとれたら家族旅行に行こう」とか「もし宝くじが当たったら車を買おう」など、

何でも構いません。「楽しいこと」というのがポイントです。

すると、「宝くじが当たったら車を買おう」だったのが、いつの間にか「がんばったら車を買おう」になり、「何の車を買おう」にまで変化していきました（結果、宝くじは当たりませんでしたが、実際に車は購入しました）。

ただし、「明日のプレゼンを成功させる」など、**プラスなことであっても仕事のことを考えるのは厳禁**です。

逆に**脳が活性化してしまう可能性がある**からです。

## ❹昼寝はしない。しても30分以内

**夜、眠れなくなってしまう習慣の最たるものは昼寝**だと思います。

できれば昼寝はしないのがベストです。

私自身、高校生のときから海外を転戦してきましたが、時差のつらさから昼寝をしてしまうこともありました。

いまになって思うと、昼寝によって短期的には体力が回復したものの、大会までの体のリズムが狂ってしまっていました。

**ちょっとだけの昼寝（30分以内）であれば大丈夫**というのが私の実感ですが、それ以上

★
昼寝はしても30分以内に！
寝る時刻はとくに決めなくてOK！

眠ると、夜眠れなくなるなど、その後の仕事にも悪影響を及ぼします。

## ❺ 自分に合った寝具を選ぶ

「寝具にはお金をかける」という人と、「安いものでも大丈夫」という人など、かなり人によって分かれる部分だと思います。

**私は徹底的に寝具にこだわっています**。

次ページのコラムで紹介するように、**マットと枕はいつも遠征先、移動先に持参する**ようにしています。

寝具がしっかりしていなければ、❶〜❹までの睡眠メソッドを実践しても、正しい睡眠は得られないとさえ思っています。

逆にいうと**自分に合った寝具に変えるだけで、「睡眠の質」はぐんと上がる**と感じています。

保湿性、吸湿性、放湿性、軽さ、高さ、硬さ、クッション性など、人それぞれ好みは異なりますので、実際に寝て選ぶのがおすすめです。

★
もっと寝具にこだわろう!
それだけで「睡眠の質」はぐんと上がる!

高いマットレスや枕を買っても、自分に合わないと感じたら、損切りと思って断捨離をして、別のものを試してみるべきだと思います。

## 私が愛用する携帯用枕とマットは、移動先で大活躍！

いま述べたように、睡眠環境を整えるために、私は遠征先にも携帯用のマットと枕を持参しています。

ソチオリンピックシーズンから愛用しているのは、東京西川の「エアー」シリーズです。

いつもと異なる環境である出張先でのホテル生活は、ストレスがたまりやすいものです。より「睡眠の質」が問われます。

もちろん出張先に枕がある場合もありますが、ヘタっていたり、高さが合わなかったり、納得のいかないことも少なくありません。

枕メーカー各社は、通常の3分の1や半分のサイズの旅行用枕を販売

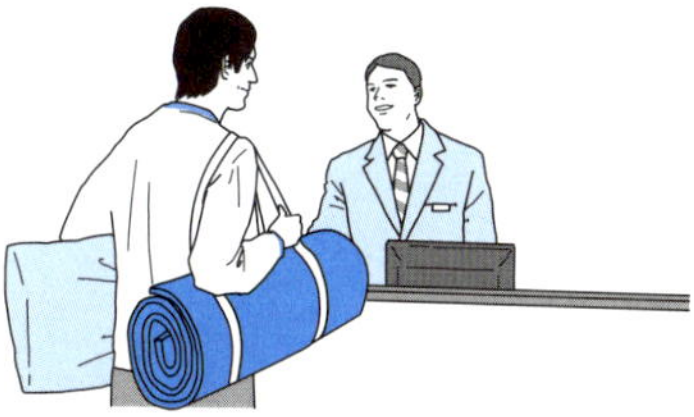

していま す。 自宅の枕とそろえるだけでも、「睡眠の質」が確保できるはずです。
出張先でも快適な睡眠ライフが送れるように工夫してみてください。

## 睡眠の質を下げる「3つの習慣」とは?

「睡眠の質」を上げるための方法を紹介してきましたが、逆に**「睡眠の質」を下げる、睡眠の導入や熟睡を妨げる習慣も存在**します。私が必ず気をつけているのは次の3つです。

### ❶寝る直前の食事

**就寝の2~3時間前に夕飯を済ませるといい**という話を聞いたことがある人は多いはずです。

その理由はいくつかありますが、**睡眠を邪魔する理由は「消化にエネルギーを使うから」**です。

私もトレーニングをしっかりやる日などは、遅めの食事になることがあります。その場合は、寝る時間から逆算して、食事をとっていいか、それとも抜くべきかを決めることもあります。

というのも、消化活動というのは思っている以上にエネルギーを必要とします。脳は眠っていても胃は働いている状態なので体は完全に休まりません。

1食抜いたところで、筋力はほとんど低下しません。むしろ、「筋力の復元のために」と無理に食べると、体が正しく睡眠モードに切り替わってくれません。

食事が就寝時近くになってしまった場合は、スープや温野菜など消化のいい食べ物を選ぶようにしています。

## ★睡眠の質を下げる「3つの習慣」をしていませんか？

### ❷布団に入ってからのスマホやテレビ

眠れなくなる最大の敵は、寝る前に布団の中でスマホをいじったり、テレビを見つづけたりすることです。

私自身、テレビを見ながら、ダラダラ過ごすことが悪い習慣になっていましたが、あるとき、それを断ち切ることで、自分自身のペースで睡眠へと入れるようになったと実感できました。

正しい習慣として「部屋を真っ暗にする」ことをあげていますが、光と音は睡眠の質をがくっと下げます。

また、**寝る前のスマホが習慣化することで「布団＝寝る場所」と脳が記憶しなくなる**ようです。

脳の記憶はバカにできません。「布団＝寝る場所」と正しい情報をインプットすることで、睡眠の効率はぐんと上がるはずです。

### ❸寝室以外でのウトウト睡眠

これも❷と同じ理由です。寝る場所以外での睡眠は、浅くなりがちです。

寝室以外の場所で寝るということは、寝ようと思って寝るのではなく、知らぬ間に寝てしまったパターンです。

たとえば酔っ払って気絶するように眠ってしまった、ソファーで仮眠などというケースが多いはず。そうした睡眠は、睡眠ではなく疲れの蓄積につながるものといえます。

「質のいい睡眠」は、寝るための服装に着替え、寝ることだけが目的という状態ではじめて得られます。

ソファーなどで寝落ちしてしまうことが多い人は、寝るべき場所できちんと寝るだけでも、驚くほど「睡眠の質」は上がるはずです。

## 睡眠時間とパフォーマンスの関係

前述したように、私の平均睡眠時間は6時間です。

私にとってはベストな睡眠時間といえますが、それを根拠づける興味深い調査を編集者に教えてもらいました。

ある日本の企業が25歳から44歳のビジネスパーソンを対象に実施した調査のようです。

「仕事のパフォーマンス」に満足している群と不満を感じている群に分け、睡眠時間を調べたところ、満足群の平均睡眠時間は6時間12分、不満足群は5時間58分だったそうです。

たった14分間の差ではありますが、睡眠時間が6時間を切ってしまうと、作業効率が下がり、人間の体は十分に活動できなくなるようです。

最近では「ねむり時計」や「睡眠計測アプリ」などが販売されていま

す。一度自分の睡眠時間を計測してみてはいかがでしょうか。

睡眠時間を削って仕事をしても、いい結果には結びつきません。6時間以上の睡眠を心がけてください。

私も睡眠時間は厳密には決めていませんが、6時間は下回らないように気をつけています。

## コツ 09

## ★寝る前の「食事」「スマホ」「場所」にもっとこだわろう。「3つの習慣」をやめるだけで、睡眠の質は大きく向上する。

葛西式フィジカルメソッド 5

# 10日に1回のサウナで、汗をかく

## 40代以降は「汗をかく習慣」が鍵に。体の復元力は「汗の量」で決まる

### ✓「サウナ」を使えば、代謝も疲労回復度も劇的にアップする

**代謝をよくするために、非常に効果的な方法は「汗をかく」こと**です。

前述したように、ランニングも汗をかくための方法のひとつです。

私は若いころからランニングをしていますが、**40歳を過ぎてからのランニングの主な目的は、「体力」をつけること以上に「汗をかく」こと**になっています。

それほど私は「汗をかく」ことを重要視しています。

「汗をかく」ことで、フィジカル・メンタルの両面を調整することができます。

体調の悪さは汗をかくことで回復できるし、気分が落ち込んでいるときでも汗を流せば浮上します。

とにかく、**心身ともに不調なときこそ、汗をかく**ように気をつけています。

汗をかくためにランニングと並んで**私が非常に強くおすすめしているのが「サウナ」**です。

私が合宿や試合で頻繁に訪れるフィンランドは、サウナのメッカ。

フィンランド滞在中は、ランニングだけでなく、サウナでも体調ならびに体重管理を心がけています。

国内でも、移動先のホテルにサウナがあれば、欠かさず利用するようにしています。

ただし、サウナは長く入るほどいいというものではありません。

涼しい顔で長時間入っている人を見ると、つい我慢比べをしてしまいがちですが、周囲に流されず自分のペースを守ってください。

効果的に入るために注意すべき点は次の2つ。

❶ **温冷交代浴（サウナと水風呂はセット）**
❷ **休憩と水分補給**

★
適切に入れば、サウナは「汗をかく」のに本当におすすめ！

Kasai's Training

## ▶「汗をかく」ためのサウナの入り方

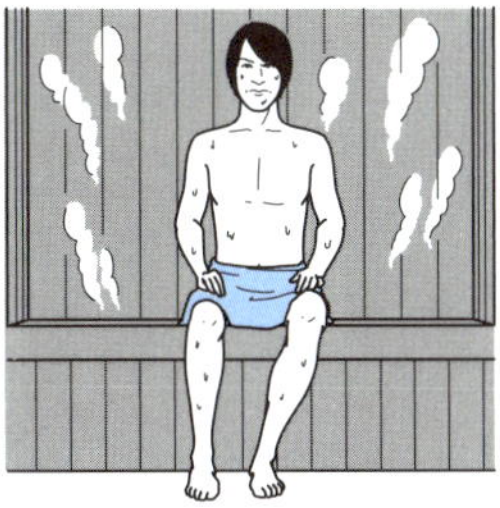

●葛西式、サウナの入り方

サウナ10分

▼

水風呂1〜2分

▼

休憩2〜3分

×3セット

●初心者におすすめのサウナの入り方

サウナ5分

▼

水風呂1分

▼

休憩5分

×できるなら3セット

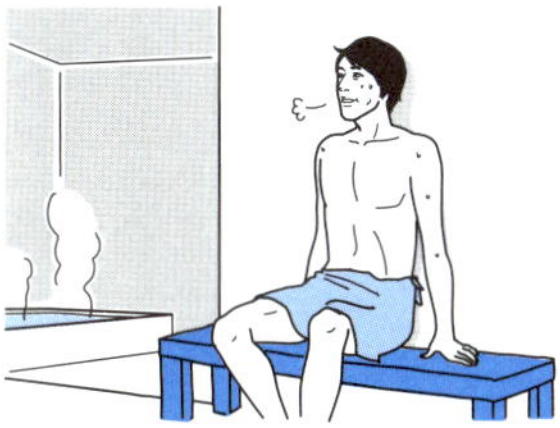

●水風呂が苦手な人の代替方法

- 足だけ水につける
- ぬるめのシャワーを浴びる

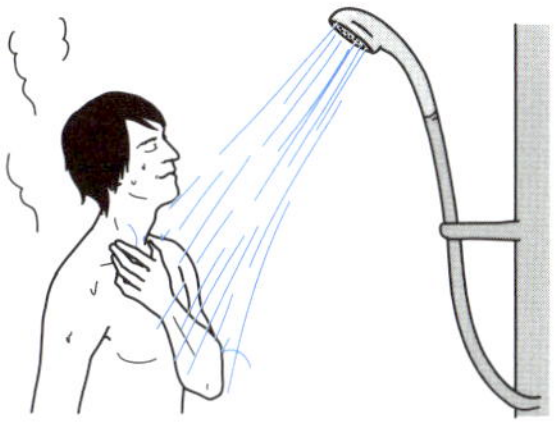

サウナだけ入り、水風呂には入らない人も多いようですが、**温冷をセットで行うことで、より全身の血行を促してくれます。**

水風呂が平気な人は、**大きく息を吸い込んだあと、ゆっくりと息を吐きながら水風呂に体を沈めていくと、日常生活では味わえないような「爽快感」**が手に入ります。

どうしても水風呂に入れないという場合は、**足だけを水風呂につけたり、ぬるめのシャワーを浴びる**のもおすすめです。

ただし、サウナスーツを着てのランニングと同じで、**無理は禁物**です。**きちんと休憩を挟み、水分をしっかり補給することで、さらに発汗はよくなります。**

## 10日に1回の「サウナデー」で心身をリフレッシュしよう

ただし、サウナには欠点があります。

それは「いつでもどこでも入りたいときに入れるわけではない」という点です。スポーツジムや銭湯、スパなど、サウナ設備のある施設は限られています。

しかし、ものは考えようです。

**「継続」という視点から考えれば、簡単に行けないことがプラス**になります。最初から「10日に1回」「月に2回」など頻度を下げてしまえば、苦にはなりませんよね。

**たとえば「10日に1回、サウナデー」を設けて、その日は「いつも以上に、とにかく汗をかく日」にする**というのもおすすめです。

仕事で疲れがちなビジネスパーソンにこそ、**「汗をかく」ことがどれほど心身のリフレッシュにつながるか**を、ぜひもっと知ってほしいと思います。

また、「わざわざ施設に行かなくてはいけない」というのも面倒だと感じてしまいがちな点ですが、これも考え方次第でプラスになります。

休みの日でも仕事のことが頭から離れないビジネスパーソンにとって、**無理にでも環境を変えることは心身のリフレッシュの近道**になります。

**サウナで汗をかくことは、「体の機能」を高めるためにも、リフレッシュしたり自律**

★
## 無理にでも環境を変えて、「仕事から離れる時間」をつくろう!

**神経を整えるなど「心と脳の機能」を高めるためにも、ぜひ取り入れていただきたい習慣**です。

## コツ 10

## ★心身ともに、不調なときこそ汗をかこう。10日に1回の「サウナデー」で、心身をリフレッシュできる。

# 第2章

# 40歳を過ぎても「太らない体」を手に入れる！葛西式「最高の食べ方&飲み方」

## なぜ私は20代のころから、ほとんど体型が変わらないのか？

40歳を過ぎると、多くの人が身をもって実感するのが、

**「太りやすくなった」**

**「少し食べすぎただけで、すぐに太るし、太るとなかなか戻らない」**

**「ダイエットをしているけど、なかなか体重が落ちない」**

ということではないでしょうか。

私自身、30代前半までは、多少食べすぎてもちょっと動けば、すぐに体重は元に戻っていましたが、40代になるとそうはいかなくなりました。

**若いころと同じような食べ物を同じ量だけ食べているのに、脂肪がつきやすくなったり**、試合前に減量しようと思っても、**以前よりも簡単に体重が減らなくなったり……**。

スキージャンプの選手は試合前に、体重を減らすために減量をするのですが、30代のころは、シーズン中1回の断食で体重をコントロールできたのが、いまでは3回の断食が必要になりました。

スキージャンプは**「体重を1キロ落とせば、2メートル飛距離が伸びる」といわれるほど、体重コントロールが重要な競技**です。

スキージャンプの選手にとっては「体型を維持する＝体重コントロール＝試合の結果」という不文律があり、どの選手も体重コントロールには非常に気を遣っています。

それゆえ、過剰な減量をしないように、ルールにおいても「BMI値（ボディー・マス・インデックス、体重と身長の関係から肥満度を示す体格指数）が21の場合、板の長さは最大で身長の145パーセント」と決められています。板が長いほうが飛距離は出やすくなるので、選手はみな、BMI値21を目指します。

逆に、その基準を下回るほど体重を落としてしまうと、失格になり、試合に出場さえできなくなります。後述しますが、一般的なBMI値は18・5以上、25未満ですから、このルールができたときは**「減量がラクになる」と本当に嬉しかった**ことを覚えています。

**私が体重コントロールをとくに意識するようになったのは30代の中ごろから**です。

日常的なトレーニング方法を見直し、それ以上に「食べ方」を変えることで、「太らない体型」を維持できるようになりました。

★

「20代と変わらない体型」を
葛西式「食べ方&飲み方」なら維持できる！

そのおかげで、**私は20代のころから、ほとんど体型が変わっていません**。

太ることとは、本書のテーマである「疲れない体」にも大いに関係します。

「2リットルのペットボトルをもったまま通勤しろ」といわれたら嫌気がさしますよね。

でも、**過剰な脂肪がついている状態は、そのペットボトルを何本も身につけたまま日々生活しているようなもの**です。

それだと、心臓や足腰に負担がかかっているのも当然といえます。

私が45歳を過ぎても現役を続け、「疲れない体」を維持できているのは、体力や筋力、気力のみならず、「太らない体」を保てているからだとも思います。

## 40歳を過ぎて太りやすくなる最大の原因は「代謝の低下」

### ——「運動」より「食べ方」でやせる

なぜ40代になると、若いころと同じように食べているのに、太りやすくなるのか。

その**最大の原因は「代謝の低下」**です。

代謝が低下すると、血の巡りが悪くなったり、老廃物を排出する力が落ちてしまったり、脂肪が燃焼しにくくなったりと、さまざまな問題が生じます。
そうなれば当然、体全体の機能低下につながり、さらに代謝が落ちるという悪循環を招いてしまいます。

「食べ物は制限したくないから、その分、運動をして相殺しよう」という考えの人もいるかもしれませんが、それはおすすめできません。

なぜなら、**代謝が落ちている以上、若いころと同じだけ運動をしていても、同じ量を食べつづけていたら、それだけでも太ってしまう**からです。
それに、仕事も日常生活も忙しい40代の人が、10代、20代のころと同じような運動量をこなすのは現実的にはなかなか難しいものです。
仮に同じだけハードに運動し、体重を減らすことができても、**無理に運動量を増やして、疲労がたまり、「疲れる体」をつくり上げてしまっては元も子もありません。**

40代以上の人にとって、「太らない体」を手に入れようと思ったときに不可欠になる

★
## 「代謝が下がる」から、同じものを同じだけ食べても、太りやすくなる

のが、食事のコントロールです。

**「食べ方」を変えれば、40代以降も「やせた体」を維持することは十分可能**です。**筋力トレーニングは20代のころより減らしているのに、「食べ方」に注意することで、私自身、体型が崩れていない**ことがなによりの証拠ともいえます。

では、どんな食べ方をすれば「太らない体」をつくることができるのか。

私が実践している**葛西式「食べ方メソッド」を紹介**しましょう。

**コツ 11** ★

**40歳を過ぎると、代謝が落ちるので、太りやすくなる。ただし、「食べ方」を変えれば、「やせた体」は十分維持できる。**

## 40代以降、目指すのは健康的で燃費のいい「細マッチョ」

「太りたくない」「肥満はいやだ」というのは多くの人にとって共通の願望だと思いま

すが、みなさんにとって「理想の体型」とは、どんな体型でしょうか。

「スリム」「ムキムキマッチョ」など、人それぞれなりたい体型は違うと思います。

では、**「疲れにくく、かつ維持しやすい体型」**はどれだと思いますか？

それは断言できます。**「細マッチョ」**です。

**細マッチョとは「適切な下半身の筋肉」と「少しやせ型で引き締まった上半身」**の体型です。

健康面から見ると、**細くても「筋肉が足りない体型」では、代謝が悪く、決して健康的な体とはいえません。**

かといって「筋肉隆々な体型」は、代謝こそ上がりますが、維持には大変な労力を伴います（そもそも「メタボ」などの太っている体型はNGです）。

40代になったら、体を酷使する方法はなるべく避け、効率よく体を鍛えることが大切になります。

**ほどよい筋肉で代謝がよく、維持にもそれほど労力を必要としない体型が、すなわち**

★「適切な下半身の筋肉」と「少しやせ型の上半身」を目指そう！

**「細マッチョ」**なのです。

言い換えれば、**「スキージャンプ選手の体型」こそ、40代以降の理想の体型**なのです。

第1章で紹介した「葛西式フィジカルメソッド」を実践するだけでも、40代に見合った体型を維持しやすくなります。また次の第3章では、下半身を鍛えるための効果的なトレーニングも紹介しています。

そこで、本章では**「食べ方&飲み方」に焦点を絞り、よりダイレクトに体重コントロールに結びつくメソッド**を紹介したいと思います。

健康的で、見た目もかっこいい「細マッチョ体型」になれば、**体が軽くなるだけでなく、気持ちも軽くなり、落ち込みがちな気力や向上心もきっと上向く**はずです。

**コツ 12** ★

**40代以上が目指すべきは、代謝がいい「細マッチョ」。「適切な下半身の筋肉」と「少しやせ型の上半身」が理想の体型。**

# 「4つのステップ」で体型をチェックしよう
## 「理想の体型」と「現在の体型」の差を直視する

体重コントロールを始める前にまず大切なのは、「現状の自分の体型」を正確に把握することです。**体の変化と真摯に向き合わなければ結果は出てきません。**

私がチェックしているのは、次の4項目です。

ひとつだけでなく複合的に見ることで、より体型をコントロールしやすくなります。

### ★ステップ1～2 「腹囲」と「体脂肪率」をチェックしてみよう

まずは**メタボの基準となる「腹囲」と、肥満度の基準となる「体脂肪率」**です。

メタボの基準は、ほかにも「高血糖」「脂質異常」「高血圧」などがありますが、自分では測定できないものなので、医療機関で検査してみてください。

**体脂肪率は、健康的な体を手に入れるために非常に重要な要素**です。

適正体重については後述しますが、たとえ体重が標準値でも、体脂肪率が高い人は**「隠れ肥満」**と呼ばれ、病気のリスクが高くなります。

**体脂肪率が高い人は、代謝率も低下しがち**です。

★
「体重」だけでなく、
「体脂肪率」も測っていますか？

「体重コントロール」というと、文字どおり「体重」だけに目がいってしまいがちですが、「体脂肪率」も大切な要素のひとつ。

自宅にない人は、これを機に、ぜひ体脂肪率も測れる体重計の購入をおすすめします。

## ★ステップ3　「BMI値」をチェックしてみよう

次に肥満度を測るための「BMI値」です。

基準値内であれば問題ありませんが、**一般的な適正値である「22」が、最も病気のリスクが少ない**といわれています。

22を大きく上回ってしまっている人は、22を目標に月ごとに減らしていく努力をしましょう。次ページの計算式で自分のBMI値を知ることは、体重コントロールのスタートであり、終わりではありません。

## ★ステップ4　「体重」をチェックしてみよう

最後に「体重」です。自分の適正体重を知り、現体重が上回っていれば、どれくらいの減量が必要なのかを把握してください。

体重測定はもちろん、「ズボンがきついな……」「ちょっと食べすぎたな……」「ちょ

Kasai's Training

## ►「体重コントロール」に必要な4つのチェックポイント

**ステップ❶** メタボの基準となる「腹囲」を知る

メタボ基準……男性85cm以上、女性90cm以上

**ステップ❷** 肥満度の基準となる「体脂肪率」を知る

標準……男性18〜22%　女性23〜27%

肥満……男性25%〜　女性32%〜

**ステップ❸** 「BMI値」を知る

体重［　　］kg ÷（身長［　　］m)$^2$ ＝

BMI値［　　］

●BMI値に基づく肥満の基準　※男女とも同一

| | |
|---|---|
| やせ気味 | 18.5未満 |
| 普通 | 18.5以上25未満 |
| 適正 | 22 |
| 肥満度❶ | 25以上30未満 |
| 肥満度❷ | 30以上35未満 |
| 肥満度❸ | 35以上40未満 |
| 肥満度❹ | 40以上 |

**ステップ❹** 「適正体重」を知る

身長［　　］(m) × 身長 (m) × 22 ＝

適正体重［　　］kg

●「減量すべき体重」を知る

現体重［　　］kg − 適正体重［　　］kg

＝ 減量体重［　　］kg

っとむくんでいるな……」と、**体感でも体重の増減がわかる基準をつくっておく**と、さらに意識しやすくなります。

**私はシーズン中、58～60キロの体重をキープ**しています。

シーズンオフで食事制限をしない期間も適正体重まではいかないものの、65キロ程度でキープしています。つまり、シーズンに入ると、5キロ前後の減量が必要になるくらいです。

ちなみに、私は**体重計には毎日20回以上乗ります**。

また、**脇腹をつまめば、およその体重がわかる**までになりました。

いずれにしても、**「太らない体」を手に入れようと思えば、まずは「現状の自分の体型」を正確に知ることが第一歩**になります。

★

私は毎日20回以上、体重計に乗り、脇腹をつまめば、およその体重がわかる

## 「3つの目標設定」で、ダイエットは無理なく続けられる

**「現状の自分の体型」を知ったら、次にやるのは「目標設定」**です。

ダイエットには、どうしてもある程度の我慢が伴います。

それに、ダイエットは「なかなか続かない」ことの上位にランクインするもので、続けなければ結果が出にくいというのは、みなさんご承知のとおりです。

そこで、**運動と同じように「継続するための目標」が重要**になります。

**無理なく続けるためには、次の「3つの目標」を設定するのがおすすめ**です。

### ❶「1カ月の減量目標」は2キロ以内にする

私が一般の人におすすめしているのは、**月に落とす体重は2キロ以内に設定**し、焦らずゆっくり着実に体重を落としていくことです。

急激な減量は危険を伴い、リバウンドの確率も上がってしまうからです。

逆に1キロも落ちない場合は、過剰に食べすぎているか、「食べ方&飲み方」に問題があるのかもしれません。後述する内容とあわせて、食生活を振り返ってみてください。

## ❷「前提条件・交換条件つきの目標」を立てる

「絶対に炭水化物は食べない」「絶対にお酒は飲まない」「絶対に毎日運動する」などの**「絶対目標」をつくってしまうと、心の逃げ道がなくなり、ストレスがたまりやすくなってしまいます**。

ですから、

「夕飯が20時を過ぎてしまったら、炭水化物はとらない」
「ビールを飲んだら、炭水化物は減らす」
「ランニングできない日は、エレベーターやエスカレーターを使わず階段を使う」

といった、「この場合はこれをする」「これをしたら、これをしない」「これができない日はこれをやる」などの**「前提条件・交換条件つきの目標」を設定し、振り幅を設けておく**ようにすると、ダイエットは続けやすいと思います。

## ❸「体重減を超えた目標」をもつ

減量はスムーズにいくものではありません。体重計に乗ることさえストレスになる日が必ずあります。

しかし、停滞期は誰にもやってくるもの。そこを乗り越えなければダイエットは成功しません。逆に、「正しい努力」を重ねていけば、成果は必ず見えてきます。

どうしても挫《くじ》けそうなときは、

「ダイエットを始める前にはいていたズボンをはく」

「昔のように、走ったときの体の身軽さをもう一度、感じたい」

など**「事実的な部分」や「感覚的な部分」に目を向けてみましょう**。

体重という数字以外にも、ダイエット効果が実感できる要素はあります。そういった成果をしっかり認識して、「よくがんばっている」と自分を褒めることも大切です。

## ★「3つの目標設定」でダイエットは無理なく続けられる!

前章の運動を継続するコツ（52ページ）でも述べたように、**ダイエットでも継続のために重要なのは「心のストレス」を極力除くこと**です。

どんなことにおいても、**最初から目標を高く設定しない**ということは、私自身も気をつけていることです。

仕事のパフォーマンスを上げるための体重コントロールのはずが、逆に下げる結果になってしまったら、それこそ本末転倒ですよね。

いま紹介した❶を厳守し、❷と❸で上手に心をコントロールしてみてください。

## 私が実践している「3つの基本」は？

それでは、食事コントロールの実践に入りましょう。

次の「3つの基本」は私が実践していることですが、この**当たり前ともいえる「3つの基本」をきちんと実践するだけでも、体重コントロールに大きな効果がある**のは、私も日々実感しているところです。

### ❶「腹八分目」は基本中の基本だが、効果大

実践するうえでの最大の基本は、**全体的な量を7～8割程度に減らすこと**です。

**「腹八分目に医者いらず」**ということわざもあるほど、**誰もが知っている健康的な食べ方の「基本」ですが、なかなか実践できていない基本**でもあります。

当たり前のことをあえて書いているのは、**40歳を過ぎてからのダイエットは、代謝が落ちている以上、「腹八分目」を守らない限り、成功は難しい**と感じるからです。

私自身もそうでしたが、やはり「腹八分目」に留めるのは、最初はつらいものです。

「もっと食べたい」「満腹になるまで食べたい」という気持ちにどうしてもなります。

しかし、**人間の体というのは意外に順応が早い**ものです。

数日もすれば、7〜8割の量が当たり前になり、食間の空腹感もおさまってきます。

どうしても、お腹がすいて仕事に差しさわりが出る人は、この後に紹介する**「コーヒーダイエット」**と**「魔法の野菜スープ」**を取り入れてみてください。

## ❷まずは主食から、少し減らす

これも言うに及ばずですが、**まずは主食から減らすと効果が大きい**と思います。

私も白米などの炭水化物は、できるだけ減らすようにしています。

朝食で2枚食べていたトーストを1・5枚に減らし、夕食で白米をおかわりしていたのを1・5杯にしました。

私は残すことに抵抗を感じてしまうタイプなので、外で定食を食べるときは、「大盛り」ではなく「ご飯少なめ」に最初から替えてもらいます。

ただし、これは後述するように**「オン」の日の食べ方**です。「ご褒美デー」のオフの日は、我慢せず好きなだけ食べて、ストレスをためないようにしています。

オフの日に**「たくさん食べられる」**と思うから、**普段我慢できる**のです。

★
「3つの基本」を守るだけでも
体重コントロールには効果絶大!

### ③ 1日に食べた物を書き出し、食べた量を「自覚」する

厳しい言い方になってしまうかもしれませんが、ビジネスパーソンには圧倒的に食べすぎている人が多いのではないでしょうか。

「そんなに食べているつもりはないんだけど……」と思っている人もいるかもしれませんが、そう感じている人は一度、**1日に食べた物をすべて記録してみてください**。

仕事中、同僚にもらったお菓子を無意識に食べていても、それを食べた物にカウントしていない人は少なくありません。

私が見るところ、**そもそも「1日にどれだけの量を食べているのか」きちんと把握していない人が、かなり多い**ように思うのです。

## 「食べすぎた……」という罪悪感を上手に使う

もちろん私にだって、食べすぎてしまうことがあります。

後述するように、試合が終わった週末から月曜日は、食べたい物を好きなだけ食べるようにしています。

しかし、やはり食べすぎてしまうと、「食べすぎた……」という罪悪感がわいてくることもあります。

ただ、この**「食べすぎた……」という罪悪感は使いよう**だとも思っています。

たっぷり食べたおかげで、火曜日からの、昼はスープだけ、夜は野菜だけ、といった減量メニューにも耐えられるからです。

「罪悪感」というとマイナスなイメージがありますが、じつはダイエットにおいては「がんばろう！」と思える原動力になることもあります。

罪悪感は、「おいしい思いをしたから、がんばろう」という気持ちを倍増させてくれます。**たんに「がんばろう」だけでなく、若干の後ろめたさがポイント**なのだと思います。

**「罪悪感」はうまく使えば、自分にとって「ダイエットの名トレーナー」になります。**

ものは考えようです。罪悪感もプラスに転嫁し、上手に利用できれば、ダイエット成功率はぐんとアップするはずです。

★

「食べすぎた……」という罪悪感はうまく使えば「名トレーナー」になる！

## 週に1・5日の「ご褒美デー」をつくって、ストレスを発散する

食事制限は、思っている以上にストレスを生じさせます。どんなにストイックにがんばっても、ストレスがたまって、反動で「ドカ食い」をしてしまえば、結局は元の木阿弥です。

一時的な食欲でおさまればいいのですが、一度タガがゆるんでしまった食欲はなかなか歯止めがきかなくなるものですよね。

スキージャンプシーズンは、5月中旬〜翌年3月までと長期間続きます。シーズンオフは4月〜5月のゴールデンウィーク明けまでの1ヵ月強。

裏返すと、**1年のうち10ヵ月は、シーズンが続く**ことになります。

シーズンに入ると、国内外での合宿や夏季スキージャンプ大会に出場しながら調整を進め、毎年11月〜3月にかけてヨーロッパ各国で開催されるワールドカップにのぞみます。

つまり、**体重コントロールは1年のうち10ヵ月にもおよぶ**のです。

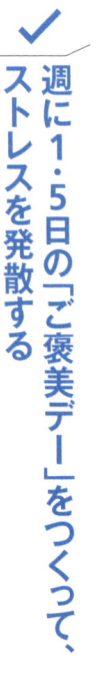

これだけ長いシーズンを通して減量を意識しつづけるのは、精神的にハードだし、ストレスもたまります。

そこで私は、**ダイエットによるストレスをためないために、1週間に1・5日の「ご褒美デー」をつくる**ようにしています。

スキージャンプの試合が行われるのは通常、土日の週末。

週末の試合が終わるまでは減量メニューで過ごしますが、**日曜日の夕食から月曜日の夕食までの4食、およそ1・5日間は、好きな物を好きなだけ食べる「発散日」にしています**。

これが、ストレスをためずにダイエットを続けることができている大きな原動力になっているように思います。

**「発散日」には何でも好きなものを、お腹いっぱい食べます**。

大好きなトンカツや白米、パンなどです。

私はパンが大好きですが、減量中は一切口にしません。手元に置いておくと食べたくなってしまうので、買い置きもしません。

その分、「ご褒美デー」には、好きなだけ食べるようにしています。パンを食べるこ

★
週に1.5日の「ご褒美デー」をつくって、ストレスをためない！だから続けられる！

とはもちろん、パン屋さん巡りも「発散日」の楽しみのひとつです。

こうして、**うまく「食べる物と量」の波をつくって、体重維持を習慣化するようにしたところ、ストレスはだいぶ軽減**されました。

**体型を維持するのは長期戦だからこそ、息抜きはとても大切**です。

体重が減りはじめたからといって、無理に「ストレス発散デー」をなくしたりしないでください。「もっとがんばれば、いっきに体重が減るかもしれない」と、ペースを乱すのは逆効果です。

ストレスがたまりやすい挑戦だからこそ、**自分なりのペースとルールを守ることが継続と効果に結びつく**ことを私自身、身をもって実感しています。

## コツ 13 ★ 週に1・5日の「ご褒美デー」をつくってストレスをためない。「好きなだけ食べられる」と思うから、普段我慢できる。

## 1週間で、食べ方にも「オン」と「オフ」をつくる

週に1・5日の「ご褒美デー」をつくるということは、言い換えれば、**1週間の中で食べ方にも「オン」と「オフ」をつくる**ということです。

いま述べたように、私の場合、週末にある試合のために準備する火曜日～日曜日の昼食までは**「オンの食べ方」**であり、試合が終わったあとの日曜日の夕食と月曜日は**「オフの食べ方」**になります。

ストレス発散という意味合いもありますが、**1週間の中で「オン」と「オフ」をつくることで、「1日単位」ではなく「1週間単位」での食事&体重コントロールができる**というメリットもあります。

**「1日単位の食事の量」を気にするよりも、「1週間単位で調整すればいい」と思ったほうが、よほどストレスは軽減される**のではないでしょうか。

「オフ」では、体重が若干増えるのは当たり前です。

それを次の「オフ」までに、5日間かけて、前回の「オン」最終日より少し余分に体重が落ちるようにコントロールしていく感じです。

**「オン」での食事コントロールが上手にできるようになれば、「オフ」で食べすぎることも減っていきます。**

そうして継続していくうちに、「オフ」の体重増も少しずつ減っていくはずです。

## 「代謝アップを促す食品」でダイエットがラクになる！

40代以降「太る最大の原因」ともいえる「代謝の低下」――。

その**「代謝アップを促してくれる食品」がじつはある**のです。

減量というと「カロリー」にばかり目が向きがちです。

もちろん食事制限においてカロリー計算は大切な要素で、私も栄養士さんから教えていただいたり、自分で勉強したりしながら、カロリーの計算の仕方を学びました。

しかし、一般の人は、そこまで神経質になる必要はないと思います。**「脂質や糖質を抑える」などの一般的な知識と、「全体的な量を減らす」ことだけでも十分にカロリーは減る**からです。

それよりも意識してほしいのが**「代謝を上げる」食べ物を効果的にとる**ことです。**「代謝アップを促す食べ物」とは、太りやすくする要素を排除してくれるもの**です。**「体を冷やさない食品」や「脂肪を燃焼しやすくする食品」「筋肉の働きをよくする食品」**などがあげられます。

詳しくは、次ページの図表に記しましたが、これらを積極的に摂取することで、より効率よく代謝をアップさせることができ、減量につながります。

ちなみに、**私は「アミノ酸」はサプリメントでもとるようにしています**。食事でバランスよく摂取できない人は、サプリメントで代用するのもひとつの方法です。

## ★「代謝アップを促す食べ物」とは太りやすくなる要素を排除したもの

## ►「代謝アップを促す食品」を上手に取り入れよう

### ●「アミノ酸」を多く含む食品

脂肪を分解し、筋肉をつくり、疲労回復を促す

**卵、肉類、魚介類、レバー、牛乳、チーズ、大豆食品　　など**

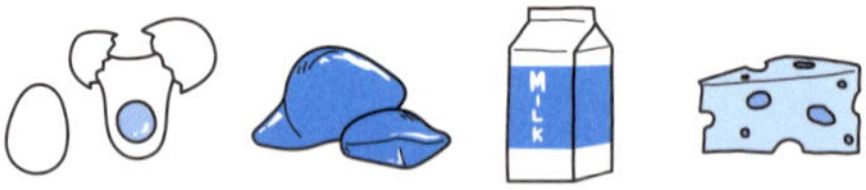


### ●「ビタミンB群」を多く含む食品

ビタミン$B_1$は糖質、ビタミン$B_2$は脂質の代謝を促進

**豚肉、レバー、うなぎ、青魚、卵、牛乳、玄米、納豆　　など**

### ●「カリウム」を多く含む食品

血圧の上昇を抑制し、筋肉の働きをよくする

**納豆、味噌、豆腐　　など**

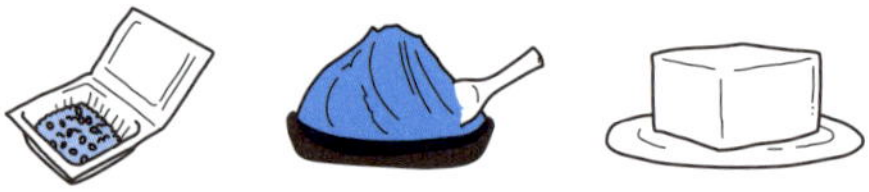

### ●「ヨウ素」を多く含む食品

糖質・脂質・タンパク質の代謝を促進する

**コンブ、ワカメ、カキ（貝）、ハマグリ、青魚　　など**

### ●体を温めてくれる食品

**トウガラシ、生姜、長ねぎ、玉ねぎ、カボチャ　　など**

## コツ14 ★「代謝アップを促す食品」を上手に取り入れると、ダイエットは、ぐんとラクになる！ やせやすくなる！

### 葛西式「最強のコーヒー」ダイエット
#### ——空腹を感じたら、まずはコーヒーを飲んでみよう

あと、**私が実践していて、みなさんにおすすめしたいのは「コーヒーダイエット」**です。

内容は簡単です。

**「お腹がすいたと感じたら、まずはマグカップ1杯分のコーヒーをゆっくり飲んでみる」**というものです。

これは私が長年、試行錯誤した中で**最後にたどり着いた最も効果的なダイエット方法**です。

試合前の減量期間中は、空腹を感じても、食事をとることができません。

でも、食べ物のことがたえず頭をよぎります。

「何か食べられるものはないか」「どうすれば空腹感がおさまるか」と、巷で売られている0キロカロリーの飲み物をいろいろと試してみました。

すると、**コーヒーを飲むことで空腹感が減り、しかも「このコーヒーは、0キロカロリーなんだ」と気づいた**のです。

こういうと、コーヒー好きと思われがちですが、じつはもともとはかなり苦手でした。

しかし、試しに飲んでみたところ、**私の場合、空腹感がおさまった**のです。

コーヒーは交感神経を刺激するため、代謝アップにも効果的だといわれています。利尿作用や消化も促し

Kasai's Training

### ►葛西式「コーヒー」ダイエット

**❶飲み方はホット、ブラックで**

アイスコーヒーもおいしいですが、体が冷えると代謝が落ちるので、飲むならホットにしましょう。砂糖やミルクを入れずにブラックで飲むのがポイントです。

**❷腹ペコになる1時間前に飲む**

お腹が空になってからだと効果が半減します。完全に胃が空になる1時間前くらいを目処に飲んでおきましょう。

**❸夜に飲むときはデカフェ（ノンカフェイン）で**

カフェインは目覚めの成分。夜飲んで眠れなくならないように、デカフェのものを選んでおくと◎です。

てくれるので、ダイエットにはぴったりの、まさに「天使の飲み物」ともいえます。
個人差はあるかもしれませんが、私にとってはまさに天使に助けられているかのようで、それ以来、減量中は手放せません。

ぜひみなさんも**空腹を感じたら、一度、試しにコーヒーを飲んでみて、空腹感がおさまるかどうかを確認**してみてください。**砂糖やミルクを入れずにブラックで飲む**ようにするのがポイントです。

それで**空腹感がおさまれば、間食や1回の食事の量が減り、大きなダイエット効果が期待できる**と思います。

**コツ 15**

★ **空腹を感じたら、まずは試しにコーヒーを飲んでみよう。それだけで空腹感がおさまることは意外に多い。**

## チョコレートは「ダイエットで苛立つ心を穏やかにする」魔法の安定剤
### ――代謝アップ効果も期待できるダイエット食品

**コーヒーを飲んでもどうしても空腹がおさまらないとき、私はチョコレートを食べる**ようにしています。

「ダイエット中なのにチョコレートを食べていいの？」と驚かれるかもしれませんが、もちろん大量には食べません。2～3かけ程度です。

それくらいの量なら体重への影響をさほど気にする必要はありませんし、**我慢してストレスをためて、その結果「ドカ食い」してしまうより、よほどマシ**です。

しかし、**たった2～3かけ程度でも、チョコレートは、ダイエットで苛立つ心を穏やかにしてくれる「魔法の安定剤」**だと私自身は感じています。

そもそもチョコレートは、登山などの非常食としても用いられているように、すぐにエネルギー源になってくれるので、空腹なうえに練習で疲れた体を癒やしてくれる効果もあります。

それに、チョコレートの主成分であるカカオには、脂肪の燃焼を促進する効果のあるポリフェノールが多く含まれているため、じつは**代謝アップも期待できるダイエット食品**でもあります。

だから、**なるべくカカオ成分の多いチョコレートを選ぶ**ようにしています。

とはいえ、2～3かけ程度でしたら、チョコレートの種類にはさほど神経質になる必要はないと思います。少々甘いミルクチョコレートでも構いません。**好きなものを選ぶことで、空腹だけでなく心も同時に満たしてくれる**はずです。

食べ方のコツは、**チョコレートを噛まずに、舌の上で溶かすようにゆっくりと食べる**こと。そうすれば、**少量でも十分に満足感を得られる**からです。

Kasai's Training

### ►「チョコレート」を上手に使えば、イライラが消える！

**❶食べる量は2～3かけ**

多くても3かけ程度にします。説明するまでもなく、大量に食べてしまったらダイエット効果は期待できません。

**❷カカオ成分の多いものを選ぶ**

ダイエットに効果のあるカカオ成分が多く含まれているチョコレートがおすすめです。心を満たす役割もあるので、2～3かけ程度なら、さほど種類には神経質にならずに、好きなものを選んでOKです。

**❸噛まずに溶かすように食べる**

すぐに飲み込まずに、口の中で溶かすようにゆっくりと味わってください。そうすると、満足感がよりいっそう高まるはずです。

コーヒーと一緒にチョコレートを食べることもありますが、この2つはみなさんご存じのように、相性バツグンです。つらいダイエット期間中にあって、**コーヒー&チョコレートタイムは、ストレスを上手に発散してくれる至福のひとときになってくれる**と思います。

## 「魔法の野菜スープ」がダイエットの最強の味方になる
### ――栄養バランスもよくて、満腹感もあり

ダイエットを始めたばかりの時期は、どうしても空腹感に耐えられないことがあると思います。

「今日は食べてもいいんじゃない?」と悪魔のささやきが聞こえることもあります。

そういったタイミングで、食べてしまっては元の木阿弥。

そうしたときに強い味方になるのが**「魔法の野菜スープ」**です。

そもそも料理上手の妻が私の体型維持のためにつくってくれたスープなのですが、少ない食事量の中でもバランスよく栄養がとれるようにと、野菜がたっぷり入っています。

Kasai's Training

## ► 葛西式「魔法の野菜スープ」のつくり方

### 〈きのこスープ〉

◉材料

水……5カップ、ベーコン……5枚、バター……小さじ1、すりおろし生姜……小さじ1、玉ねぎ……中1個、塩・胡椒……少々

［野菜各種ときのこ類］　※冷蔵庫にある野菜ときのこを合わせて500g程度

（例）しめじ……1パック、椎茸……1パック（3〜4枚）、マイタケ……1パック、えのき……1パック、人参……1本、白菜……1/8玉

◉つくり方

❶ベーコンは1㎝幅の細切り、玉ねぎは繊維に沿って1㎝幅の細切りにする。野菜ときのこ類は食べやすい大きさに切る

❷鍋にバター、すりおろし生姜、玉ねぎを入れて炒める。玉ねぎがしんなりしたら、ベーコンを加え、さらに炒める

❸ベーコンの脂が出てきたら残りの野菜ときのこ、水を加える。沸騰したら弱火にし、やわらかくなるまで煮込む。塩と胡椒で味を調え、完成

【ポイント】

❶物足りないときは、顆粒コンソメを加えて味を調整する

### 〈チキンスープ〉

◉材料

水……5カップ、鶏もも肉骨付きぶつ切り……500g、ごま油……大さじ1、にんにく……1かけ、生姜……1かけ、長ネギ……1本、塩・胡椒……少々

※骨付きぶつ切り肉を使うと、鶏の旨みエキスが出て、よりおいしくなるが、骨付きでなくてもOK

［野菜各種］　※冷蔵庫にある野菜を500g程度

（例）玉ねぎ……中1個、人参……中1本、小松菜……1束、キャベツ……1/8玉、白菜……1/8玉

◉つくり方

❶長ねぎはぶつ切り、人参は1㎝幅の輪切り、玉ねぎは1㎝幅に切り、キャベツ、白菜、小松菜は一口大に切る

❷鍋にごま油をひき、千切りにしたにんにくと生姜を入れて炒める。良い香りがしたら、鶏肉を入れてさらに炒める。水を加え沸騰したらアクをとり、蓋をして弱火で2時間煮込む（水が少なくなったら1〜2カップ加えながら）

❸フライパンで焼き目をつけた長ねぎと、小松菜以外の野菜を加えてさらに20分煮込む。小松菜を加えて、塩と胡椒で味を調え、完成

【ポイント】

❶物足りないときは、顆粒鶏ガラスープの素を加えて味を調整する
❷小松菜は最後に加えると、くたくたにならず、色鮮やかに仕上がる
❸お好みでラー油を加えると、飽きずに食べられる

レシピ監修：宮成なみ（料理研究家）

ヘルシーなのに満腹感も感じられるこのスープは、妻の料理の中でもとくに大好物。

10ヵ月におよぶスキージャンプシーズン中、**お腹がすいてどうしようもないときの助け舟**でもありますが、スムーズに体重が落ちないときは、お昼はスープだけという日もあります。

**魔法瓶に入れて持ち歩くことも可能**なので、外出中に空腹を感じたときは、温かいスープを飲めばお腹も心も満たされます。

たいていの会社には電子レンジがあると思うので、冷めてしまったら温め直して飲みましょう。

一気飲みせずに、仕事をしながらゆっくりと味わって飲んでくださいね。

**コツ 16**

★ **「魔法の野菜スープ」で、ダイエットはラクになる。栄養バランスもよく満腹感もあり、「最強の味方」になる。**

## 飲み方を工夫すれば、ダイエット中の飲酒もOK！

ビジネスパーソンにとって「夜の付き合い」も大切な仕事のひとつ。断れない飲み会もあると思います。

そこで、私なりに実践している**「太らない飲み方」**も紹介しておきます。

### ❶なるべくカロリーの低いお酒を選ぶ

私も飲み会に出席することはありますが、その際は、**なるべくカロリーの低いお酒を選ぶ**ようにしています。

ビールなどをいっきに飲みたいと思うときもありますが、あとから後悔するのは自分です。「なんでこの人ビール飲まないんだろう?」と思われても、それは一時的な疑問になるだけで、意外と人は覚えていないものです。

私はビールの代わりに、ワインをよく飲むようにしています。**ワインは人生のお供**と思えるほどのワイン好きです。

低カロリーなうえに、赤ワインには抗酸化作用があり、生活習慣病の予防効果もある

★「お酒の種類」と「つまみ」を変えれば、「太らない飲み方」はできる!

といわれるポリフェノールも多く含まれています。

白ワインには腸内細菌のバランスを整える作用もあるといわれ、このバランスが崩れると、体調不良や肌荒れなどを起こすといわれています。

## ❷「ビタミン$B_1$を含むおつまみ」を一緒に食べる

お酒を飲むときは、とくにおつまみに気をつけています。

お酒には糖質が多く含まれがちですが、その**糖質を効率よくエネルギーに変えてくれるのが「ビタミン$B_1$を含むおつまみ」**です。これらと一緒にお酒を飲むことで、カロリーを上手に軽減することができます。

また、**お酒の飲みすぎは、ビタミン$B_1$を大量に奪う**ともいわれています。

つまり、より糖質の代謝が悪くなり、肥満の原因になるのです。**お酒を飲むときは、なるべく積極的にビタミン$B_1$を含むおつまみを摂取**してください。

詳しくは次ページの図表にまとめておいたので、参考にしてみてください。

## ❸「深酒」は避ける

**年齢を経て「太りやすい体」になる大きな要因のひとつは「深酒」**です。

体内に大量にとり込まれたアルコールは、脂肪や疲労物質となって「パフォーマンス」を低下させます。「太りやすい体」をつくる原因を理解し、大人の羽目の外し方を意識することも重要だと思います。

ワイン好きの私ですが、それでも**シーズン中はあまり飲まない**ようにしています。

**とくにウエイトトレーニングをした日は、せっかく鍛えた筋肉がリカバー（回復）されないため、アルコールはご法度**です。

「酒は百薬の長」というように、ほどほどであれば薬にもなります。

Kasai's Training

## ►「お酒の飲み方」を工夫すると、やせる！

### ●ダイエット中の飲酒の注意点

- カロリーの低い種類を選ぶ
- 摂取量は1日、200kcalまでに抑える
- ビタミン$B_1$が多く含まれたおつまみを選ぶ

### ●お酒のカロリー一覧

| | |
|---|---|
| 生ビール（中ジョッキ） | 約200kcal |
| 日本酒（180cc） | 約196kcal |
| ワイン（80cc） | 約58kcal |
| ウーロンハイ（350cc） | 約287kcal |
| シャンパン（80cc） | 約80kcal |
| ウィスキー（30cc） | 約71kcal |
| ブランデー（30cc） | 約70kcal |

### ●ビタミン$B_1$を多く含むおつまみ

枝豆、ナッツ類、白子、しらす干し、ぶり、豚肉　など

ただし、**飲酒も、あまり我慢してストレスをためてしまうと「ドカ食い」ならぬ「ドカ飲み」を招いてしまい**、ダイエットにも健康にもよくありません。

食事も飲酒も、**「絶対にダメ」と決めつけず、目的に合ったものを選び、正しい摂取方法を実践することで、ストレスなくダイエットを続けられる**と思います。

## コツ 17

★お酒を飲むときは、糖質をエネルギーに変えてくれる「ビタミン$B_1$を多く含むつまみ」を一緒に食べよう。

# 第3章

# 「老いない体」は下半身がつくる！
## 葛西式「下半身強化トレーニング」&「ストレッチ」

## なぜ私の身体能力は20代のころとほとんど変わらないのか？

「じつは**私は20代のころと比べて、40歳を過ぎたいまでも、持久力や身体能力の数値はほとんど変わっていない**んです」

これは**紛れもない事実**なのですが、こういうとみなさん驚かれます。

私は20年にわたって身体能力を測定していますが、測定を始めた20代のころと比べて、40代になっても、身体能力がほとんど衰えていません。

**垂直跳びの数字（71センチ）や、立ち幅跳びの数字（287センチ）は、20歳のころとほぼ同値**です。

持久力の測定では1500メートル走をすることが多いのですが、**10代、20代のほかの選手と一緒に走っても、いつも上位で、1位になることもよくあります**。

普段の日常生活でも、「20代のころから大きく体力が落ちた」と感じることはありません。

★ 私は20代のころと比べて、40代になっても身体能力は衰えていない

では、私はいかにして**「老いない体」**をつくり、維持しているのか。

本章では、葛西式**「老いない体」づくりの秘訣を公開**したいと思います。

## 「下半身の強化」こそ「老いない体」をつくる最大のポイント

「老いない体」をつくるために、まず重要なのは、第1章で紹介した「疲れない体づくり」です。**「疲れ」がたまると、それが「衰え」になり、「老い」につながっていく**というのが私の実感です。

また、前章で紹介した「食べ方」も、「老いない体」づくりには不可欠です。**暴飲暴食をくり返すと、肉体に負荷がかかるのみならず、睡眠の質も下げ、「老い」を加速させる**要因になってしまいます。

ただし、それだけでは20代と同じような身体能力を維持することはできません。

「老いない体」をつくり、維持するためには、もうひとつ大切な要素があります。

★
なぜ「老いない体」をつくれるのか？

葛西式メソッドの秘訣を公開

それは**「下半身の強化」**です。

**「老いは足から」**という言葉がありますが、**「老い」と「下半身」は大いに関係している**というのは、まさに私の実感とも重なります。

私はベテランと呼ばれる年齢になる前から、上半身の筋力トレーニングを最低限に減らし、代わりにその時間を**「下半身をしっかり鍛える」**ことに当ててきました。

20代のころは、週に3回のウエイトトレーニングをガンガン行い、スクワットでは200キロの重量を挙げていました。

いまでも、がんばれば180キロ程度は挙がりますが、もうそんなことはしません。**無理な筋トレは、ケガや疲労の蓄積につながるだけでなく、活性酸素を増やして老化原因のひとつである酸化を促進させ、結果として、「老いを加速する体」をつくってしまうことに気づいた**からです。

現在は重量を60~80キロ、回数を週1回までに減らしました。それでも十分に競技に必要な筋力や体力を維持できています。

スキージャンプという競技の性格もありますが、**「老いない体」を維持できている理由は、上半身から下半身を鍛えることにシフトしたから**だと思うのです。

# コツ18 ★「老いない体」をつくるには、「下半身の強化」が重要。「老いは足から」。40歳を過ぎたら、上半身より下半身を鍛えよう。

## 40歳を過ぎたら「下半身を鍛える」ことが必要な3つの理由
### ——忙しい人でも「下半身の強化」だけなら時間がとれる!

「下半身の強化」が重要な理由を整理すると、次の3つになります。

**❶全身の筋肉の約70パーセントは、下半身に集まっている**
**❷下半身を鍛えることで「代謝」が上がる**
**❸下半身の筋肉は、上半身の筋肉よりも衰退が早い**

以下、詳しく説明します。

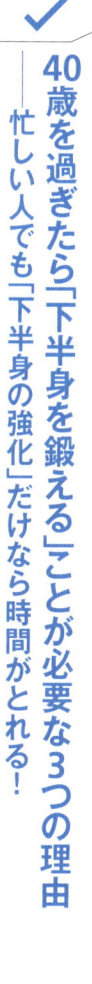

## ❶全身の筋肉の約70パーセントは、下半身に集まっている

人間の体にはそこかしこに筋肉がありますが、**全身の筋肉の約70パーセントがじつは下半身に集まっています**。

これだけをとっても、下半身がいかに重要な役割を担っているかがわかるのではないでしょうか。

筋トレというと大胸筋《だいきょうきん》や肩回りなど、上半身を中心に鍛えている人が多いように思います。

「気になるのがお腹の出っぱり」「逆三角形の体型はかっこいい」などの理由からだと思いますが、上半身を集中してトレーニングしても、全体の筋肉の3割しか強化できません。

裏返すと、**下半身を強化するだけで全体の7割の筋肉を鍛えることができる**のです。

## ❷下半身を鍛えることで「代謝」が上がる

「老いない体」に必要なのは、**筋肉量を増やして「代謝」を上げる**ことです。

代謝と筋肉は相互関係にあります。**「代謝アップ」を助けてくれるのが「筋肉」であり、筋肉をつけるためには代謝を上げなければいけない**のです。

これらを効率よく手に入れるための近道が、7割の筋肉が集まる下半身を鍛えることです。**40歳を過ぎて「老いない体」をつくるには、「効率よく」というのも大切な要素**です。

「中年太り」というと、お腹の出っぱりが気になり、上半身を鍛えようとしてしまいがちですが、お腹が出ているからといって、上半身を鍛えるのが効果的とは限りません。

上半身を鍛える時間を下半身に投資し、**下半身の筋肉をつけて、代謝がアップすれば、自然と「太らない体」に近づいていく**はずです。

### ③下半身の筋肉は、上半身の筋肉よりも衰退が早い

そして、これはご存じない人も多いかもしれませんが、**下半身の筋肉は、上半身の筋肉よりも衰えるスピードが速い**のです。

一説によると**「下半身は3倍衰えやすい」**ともいわれています。**「老いは足から」の理由が、まさにここにある**といえます。

時間をかけて上半身の筋肉を鍛えても、それによって重くなった上半身を支えるために、下半身への負担はさらに大きくなってしまいます。なにより下半身をないがしろにしては、腰や膝を故障するリスクが高まります。

★
筋肉の約70%は下半身に集まっていて、
下半身の筋肉ほど衰えやすい

**上半身の過剰な筋力アップは、「老いない体」をつくるためには逆効果にさえなってしまう**のです。

「下半身のみを鍛える」というトレーニング方法は、じつは40代以降のビジネスパーソンにもぴったりの方法だと私は思っています。

なぜなら、全身を鍛えるためにジムに通う時間はなかなかとれなくても、これから紹介するように、**下半身のトレーニングだけなら、自宅で短時間で行える**からです。

40歳以降、若々しくパワフルな肉体を保つためには、**「下半身の強化」こそがキーポイントになる**ことを、ぜひみなさんにも知ってほしいと思います。

**コツ 19**

★**筋肉の約70パーセントは、下半身に集まっている。**
**下半身のトレーニングだけなら、自宅で短時間でできて効率的。**

## 自宅&省スペースでできる葛西式「下半身強化トレーニング」

では、下半身をどう効率よく鍛えればいいのか。

ここでは、**自宅で簡単にできる葛西式「下半身強化トレーニング」**を紹介します。

2種類の「スクワット」に「踏み台昇降運動」を加えた合計3種類ですが、**全部あわせても20分程度でできる**ものです。

どちらも自宅で、しかも狭いスペースでできます。

自宅なので天候や時間に左右されず、自分のペースでトレーニングができ、**費用もかからないため、継続も容易**です。

**頻度は「週に1回」「多くても週に2回まで」**にしてください。

トレーニングによっていったん筋肉を破壊し、その後に休養することで、強い筋肉に生まれ変わります。毎日行ってしまうと、逆に効果が得られなくなります。

それに、**「週に1回でいい」と思えば、気軽に始められる**のではないでしょうか。

★
週に1回、20分でできるトレーニングで
下半身を鍛えよう！

## ►葛西式「下半身強化トレーニング」❶ スキージャンプスクワット

### スキージャンプスクワット

- 鍛えられる筋肉……大腿四頭筋、大臀筋《だいでん》
- 回数…………………5回×3セット

❶頭の後ろで手を組み、肩幅に足を開いて立つ。つま先と膝は正面に向ける

❷膝がつま先より前に出ないようにしながら、10秒かけてゆっくりと腰を落とす。背中を丸めないように注意

❸お尻が膝の位置より下になったら、10秒かけてゆっくりと立ち上がり、❶の体勢に戻る。立ち上がる際も勢いをつけず、ゆっくり行うことで効果がアップする

◉スキージャンプスクワットのやり方

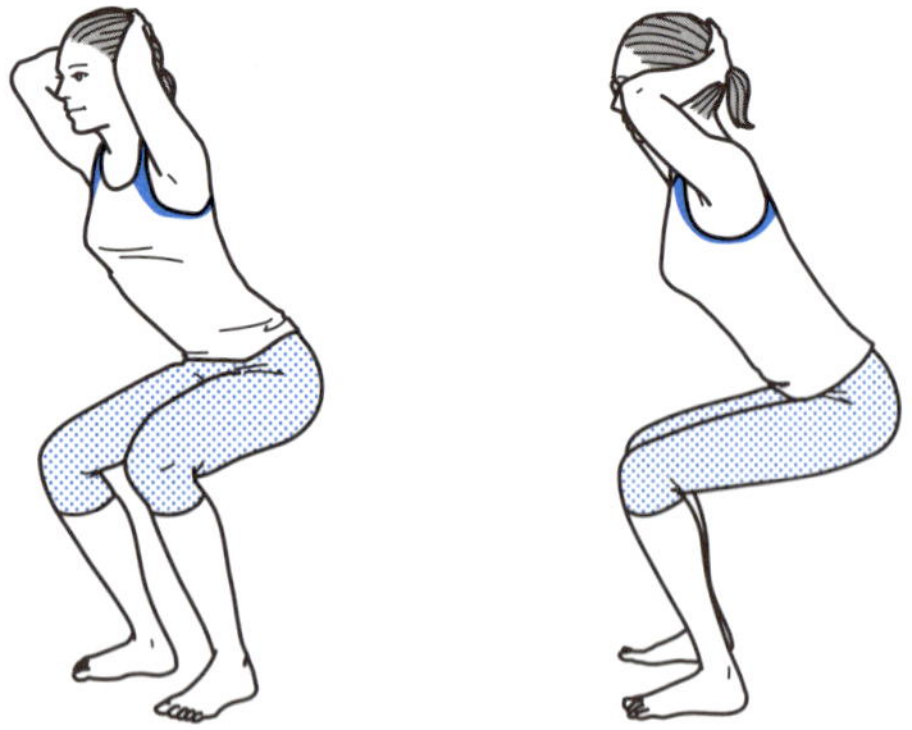

ある程度の回数、スクワットができる人も、ゆっくり反復しようとすると、かなり負荷がかかり、つらいものです。

「正しい姿勢」で腰や膝を痛めないように注意しつつ、できるだけゆっくりとくり返してみてください。

Kasai's Training

## ▶ 葛西式「下半身強化トレーニング」❷
## テレマークスクワット

### テレマークスクワット

- 鍛えられる筋肉……大腿四頭筋、大臀筋、腹筋
- 回数…………………左右交互に、各5回×3セット

❶イラストのように足を前後に開き、手を腰に当ててバランスをとりながら、5秒かけてゆっくりと膝を落としていく

❷膝が床に着く直前で5秒キープ

❸10秒かけて、ゆっくりと元の位置に戻していく

◉テレマークスクワットのやり方

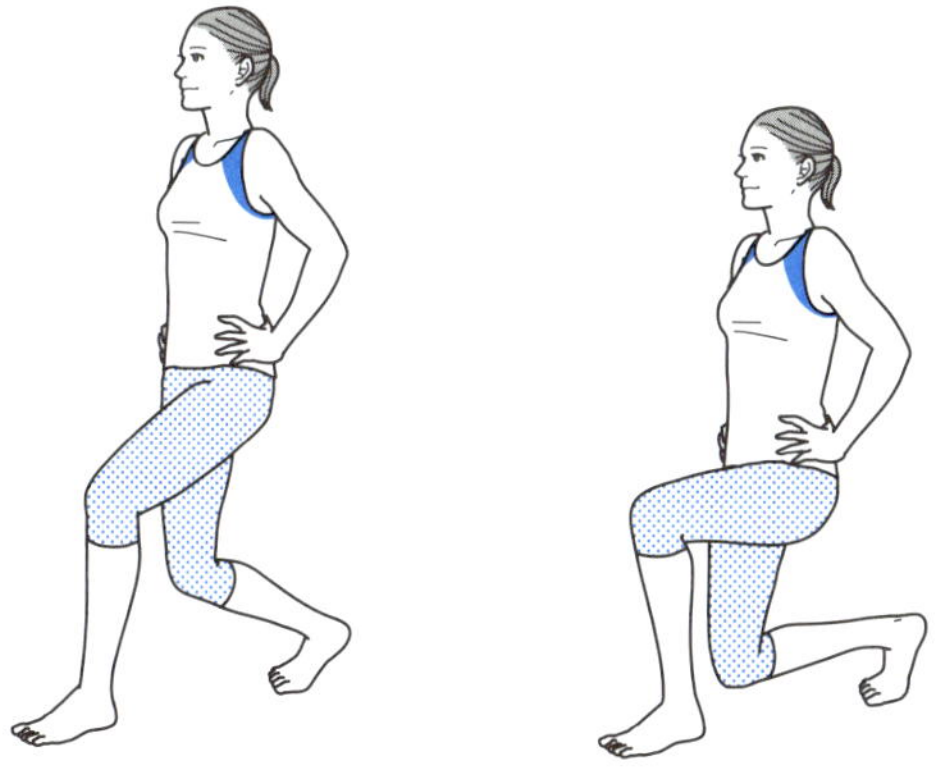

この練習は、股関節の動きを意識して行うことで、より下半身の強化につながります。

重心移動が適切にできるようになるので、階段などにも負けない体になります。

「きつい」と感じる場合には、膝を床につけてもOKです。ただし勢いよく膝を床につけると、ケガをするので、注意してください。

## ► 葛西式「下半身強化トレーニング」❸ 踏み台昇降

### 踏み台昇降

- 鍛えられる筋肉……下半身全体
- 時間…………………5分
- 準備するもの………高さ10～30cmの台
  （高いほど、筋トレ効果が高まる）

❶右足から台に上り、右足から床に下りる。顔は正面に向け、背筋を伸ばす。ゆっくりでいいので姿勢に気をつける

❷左足から台に上り、左足から床に下りる

❸❶と❷をリズミカルにくり返す

※1回ごとに左右の足を交換するのがやりにくい場合は、回数や時間で区切ってもOKです

●踏み台昇降のやり方

## 下半身の「トレーニング」と「ストレッチ」は必ずセットで行う

いま紹介した「下半身強化トレーニング」をする場合、注意していただきたいことがひとつあります。

それは、**トレーニングの前後には必ずストレッチを行う**ことです。**それによって「ケガの予防」になると同時に、「しなやかで老いない筋肉」をつける近道**にもなるからです。

両方をする時間がないというときは、トレーニングよりもストレッチを優先させてください。それほど、ストレッチは重要です。

ストレッチの方法は「『3つの筋肉』をほぐす！　葛西式『最強のストレッチ』」（68～69ページ）で紹介した「内転筋」「大腿四頭筋」「ハムストリング」の3種類に、次ページで紹介する「大臀筋（お尻）」と「下腿筋（ふくらはぎ）」の2種類を加えた、合計5種類です。

継続のためには、なるべく種類を増やさないことが大切と書きましたが、強化トレーニングを行ったときは別で、ストレッチで筋肉をゆるめる必要があります。**とくに40歳**

★
下半身の「トレーニング」と「ストレッチ」は必ずセットで行おう！

## ▶葛西式「下半身ストレッチ」

◉ストレッチのポイント

- 伸ばしている筋肉を意識する
- 呼吸を止めない

### 大臀筋（お尻）のストレッチ

膝を立てて座ったら、イラストのように手でバランスをとりながら、右足の膝上に左足のくるぶしあたりを乗せます。そのまま60秒間キープ。反対側も同じように行ってください。

伸ばしているのはお尻の筋肉です。そこを意識しながら、ゆっくりと呼吸を続けます。

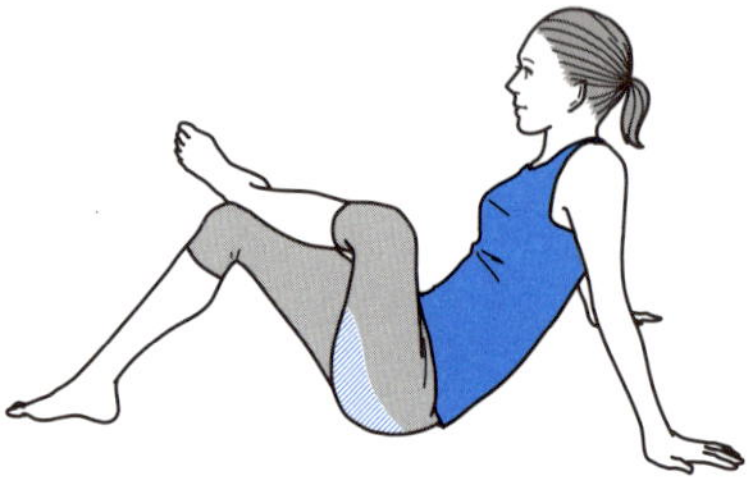

### 下腿筋（ふくらはぎ）のストレッチ

四つん這いの体勢から、肘と膝を伸ばしてお尻を高く持ち上げます。バランスをとりながら、右足を上げてください。

左足のかかとが浮かないように気をつけながら60秒間キープ。反対側の足も同じように行ってください。

伸ばしているのは、ふくらはぎの筋肉です。そこを意識しながら、ゆっくりと呼吸を続けます。

**を過ぎると、筋肉が固まりやすいので、しっかりと丁寧にケア**してください。

くり返しますが、**ストレッチのポイントは、どこの筋肉を伸ばしているかを意識すること**。それをするのとしないのとでは、いずれ効果に雲泥《うんでい》の差が出てきます。

## コツ20 ★ 葛西式「下半身強化トレーニング&ストレッチ」なら、週に1回、20分程度で、「老いない体」がいっきに手に入る。

### ✓ 下半身を鍛えて、体幹を強くする

第1章で「疲れない体」をつくる一要素として「姿勢のよさ」を取り上げましたが、**下半身が衰えてくると、体幹も弱くなりがち**です。

その結果、代謝が下がる、お腹が出てくる、ねこ背になる、腰痛が悪化する、「疲れやすい体」になる、「老いやすい体」にもなっていく……という悪循環が始まります。

考えただけでゾッとした人、すでにそんな体になりつつある人は、さっそく次ページ

## ► 下半身&体幹を鍛えるトレーニング

### 片足バランス立ち❶

- 片足ずつ交互に、各30秒×3セット

腰に手を当てて、片足で立ち、そのまま30秒間キープしましょう。上げたほうの膝は90度に曲げます。

背筋はまっすぐに保ってください。ぐらついてしまう場合は、壁や椅子などに手を添えてバランスをとっても構いません。

片足ずつ交互に、30秒ずつ3セット行います。

### 片足バランス立ち❷

- 片足ずつ交互に、各30秒×3セット

上記の「片足バランス立ち❶」の体勢から、イラストのように上体と足を、床と平行にしたら30秒間キープします。

両膝は伸ばしてください。背中が丸まったり、腰がそったりしないように注意。背中がフラットな状態を保ちましょう。

片足ずつ交互に、30秒ずつ3セット行います。

に紹介する「下半身&体幹を鍛えるトレーニング」を実践してください。
この**合計6分間で終わるトレーニングをするだけでも、下半身と体幹は、ずいぶん鍛えられる**はずです。

## どうしても時間がとれない人は「階段移動」だけでも劇的に変わる

いま下半身を鍛えるトレーニング&ストレッチ方法を紹介しました。

ただ、「そんな時間さえとれない」というビジネスパーソンもいると思います。

そういう人におすすめしたいのが、**日常生活でできる「階段移動」**です。

「たしかに、階段を上り下りするだけで、かなり足が疲れる……」

と日ごろから感じている人も多いのではないでしょうか。

会社への行き帰りの駅での移動、社内での階をまたぐ移動、デパートに買い物に行ったときのフロア移動……。

日常的にエスカレーターやエレベーターを利用している場面は、かなりあります。

それを**「階段移動」に変えるだけで、ずいぶんと下半身は強くなる**はずです。

私自身も、意識して階段を利用しています。

スキージャンプの試合会場では、途中まではリフトで登ることができても、スタート台までの傾斜は、スキー板を担いで階段で上ります。

100～150段の階段はざらにありますが、時には200段を超えることも。

この場合、10本のジャンプを跳べば、上る段数は2000段にも及びます。

忙しいビジネスパーソンには、バーベルを使ってウエイトトレーニングをするよりも、**普段からトレーニングをしている私でさえ、「階段移動」は結構足にきます**。**小さい負担の蓄積は、いい下半身鍛錬になる**はずです。

「階段移動」を実践する際に、注意してほしいポイントは次の2点です。

### ❶ 背筋を伸ばして姿勢を正す

急いでいたり、混んでいたりすると、つい足元が気になって前かがみになってしまいがちですが、それだと太ももの前面の筋肉ばかりが発達してしまいます。

**「正しい姿勢」で階段の上り下りをすることで、下半身全体の筋肉が連動し、バランスよく鍛える**ことができます。

**❷足を高く上げる**

もうひとつ、とくに上る際に気をつけていただきたいのは、**一段一段、しっかりと足を上げる**ことです。股関節から太ももを持ち上げ、膝を90度に曲げるように意識します。**つま先だけでなく足の裏全体で上ることで、下半身全体の筋肉を使う**ことができます。

最初は朝の出勤時だけ、もしくは帰りの退勤時だけと、一部だけの「階段移動」でも構いません。無理のない範囲から始めましょう。

なるべく機械に頼らず、自分の足で移動する習慣をつけてみてください。

それだけで、**自分でも驚くほど、下半身が強くなったことを、きっと体感できる**はずです。

★
いつもの生活を「階段移動」に変えるだけで、
下半身は驚くほど強くなる!

## ゴルフは下半身を鍛えるのにおすすめ

ちなみに、ゴルフをされる人は、乗用カートを使わず徒歩移動に挑戦してみてはいかがでしょう？　結構な距離を歩くことができるので、下半身強化にはもってこいです。

私はゴルフが趣味ですが、乗用カートに乗ったことはありません。いつも走って次のラウンドに移動します。

ただし、10キロ近いゴルフバッグを背負っての移動はきついと思うので、手押しカートを利用したり、クラブの本数を加減してみたりするのがおすすめです。

ゴルフ好きにとって、乗用カートを使わないことは、下半身強化のみならず、意外な効果も生み出します。

乗用カートと違い、ショットを打つ付近までゴルフバッグを運ぶことができるため、クラブ選択ミスが格段に減ります。また、フェアウェイ内を歩くことで、コース全体の起伏やその日の風の様子など、乗用カー

トに乗っていては見過ごしてしまいがちなことにも、気づくことができます。
つまり、「実力以上の成績が出やすくなる」というおまけまでついてくるというわけです。ぜひ、試してみてください。

コツ 21

## ★「下半身&体幹トレーニング」なら6分でできる。その時間もない人は、「階段移動」で下半身を鍛えよう。

# 第4章

# 「折れない心」は「3角形の法則」で手に入れる！

## 葛西式「メンタル強化メソッド」

## 私はいかにして「折れない心」をもつことができたのか

41歳で、はじめて獲得したオリンピックでの個人銀メダル。そして団体での銅メダル。20代、30代で、いくら努力をしてもオリンピックでの結果につながらない「空回り」期間が続いた私にとって、それは本当に長く険しい道のりでした。

努力しても、努力しても、結果につながらない。**心が折れそうになったことも、何度もありました。**

ジャンプ競技を生業《なりわい》にする人は「精神力がある」「メンタルが強い」と思われがちですが、じつはそんなことはありません。

私自身も決して最初からメンタルが強いほうではありませんでした。

それどころか、**練習ではうまくいっていたのに、本番では力が発揮できない「典型的なメンタルの弱さ」**をさらけ出してしまったことも数え切れないほどあります。

とくに20代のころは、メンタルの弱さが顕著でした。

29歳のときに挑んだ、ソルトレークシティオリンピック。

「これ以上できない」というほど過酷なトレーニングを積み、「肉体面」では極限まで理想に近づき、ベストなコンディションでのぞみました。

しかし結果は、期待とはかけ離れた悪い成績。まさに惨敗でした。

**「あれほど努力をしたのに……」**と愕然とし、これまでの自分のやり方が間違っていることに気づかされた瞬間でした。

いまの自分のやり方ではどうにもならない。今後、長い選手生活を続けていくためには、「何か」を変える必要がある――。

それが、本格的に「メンタル面の強化」に取り組みはじめるきっかけになりました。

## ✓ フィンランド人コーチから学んだ「やらないこと」の大切さ

失意のどん底に突き落とされた私に、這い上がるヒントをくれたのは、所属会社である土屋ホームと、その土屋ホームがチームに招いてくれたフィンランド人のコーチでした。

★
私も「メンタルの弱さ」ゆえに、本番で力を出せないことはあった

それまでの私は、
「トレーニングがつらいのは当たり前だし、それを理由にするのはメンタルの弱い人間だ」
「ひたむきにがんばっていれば、ストレスなんて感じている暇はない」
と、不安になったら、とにかくトレーニングを重ねていました。

しかし、そのやり方は自分では抱えきれないほどのストレスを発生させるもので、心身を蝕むものだったと、いまならわかります。

もし私がそのやり方を続けていれば、**結果が出ない20代、30代のうちに、心が折れてしまってもおかしくはなかった**と思います。

フィンランド人のコーチが教えてくれたのは、それとは真逆のやり方でした。

**私がやってきた「がむしゃらさ」ではなく「ストレスの緩和」に重点を置いた**ものだったのです。

コーチの指導は、びっくりするほど練習時間が短く、最初は「こんな練習で大丈夫なのか？」と不安になるほどでした。しかし、藁《わら》にもすがる思いだった私は**「自分のトレーニングのやり方を変えるチャンスだ」**と言い聞かせ、コーチに従いました。

その結果、練習中も自然と笑顔が増え、前向きな気持ちになることも多くなりました。**成績が順調に上がっていったのみならず、メンタル面でもずっと強くなれた**のです。

コーチが教えてくれたのは、たんなるジャンプの技術だけでなく、**「いまもっている技術をいかに効果的に発揮するか」というメンタルコントロール法**でした。

休養日には、コーチと一緒にバギーや犬ぞりを楽しみます。

それまでは四六時中、ジャンプのことが頭から離れなかった私ですが、その時間はジャンプのことを忘れて楽しむことに集中できました。

そうした息抜きの遊びは、自分の成績を上向きにさせるだけでなく、**「やらないこと」の大切さを学ぶきっかけ**にもなりました。

いまならわかることですが、**向き合う時間と比例して成績が上がるのは、若いときだけ**です。

**「40代以降は、効率的な休暇も大切にしなければいけない」**と確信しています。

★

フィンランド人コーチとの出会いで、
「メンタル改革」に本格的に取り組みはじめた

本書ではこれまで、第1章〜第3章で葛西式「フィジカルメソッド」を紹介しましたが、それはあくまで車輪の片側です。

40代以降の人生を羽ばたくうえでもうひとつ重要になるのが「メンタルメソッド」です。

40歳を過ぎて、若いころの私のように**「ストレスと真正面から向き合うやり方」では、心が折れて、第一線で働きつづけるのは難しくなる**ばかりではないでしょうか。

29歳の挫折がきっかけとなり、私は「メンタル面」の強化にも本格的に取り組みました。

そして、**40代になって、ストレスを最大限減らす「折れない心」のつくり方を見つけ出すことができた**のです。

本章では、そんな**葛西式「折れない心」のつくり方**を紹介します。

## ✓「折れない心」は「3角形の法則」で手に入れる

「折れない心」をつくるうえで、私が鍵になると思うのは「3角形の法則」です。

**❶脳を疲れさせない**
**❷笑顔と言葉で「プラス思考」を生み出す**
**❸「ワクワク感」を甦らせる**

「3角形の法則」というのは私の造語で、「折れない心」をつくるうえで大切な**「❶脳を疲れさせない」「❷笑顔と言葉で『プラス思考』を生み出す」「❸『ワクワク感』を甦らせる」という3つの要素を、バランスよく鍛える**という考えです。

前述したように、私はどんなにがむしゃらにトレーニングをしても結果に結びつかない期間が長く続き、心が折れそうになったことがあります。

周囲の方々の支えによって「メンタル改革」に成功しましたが、その過程で学んだことは、**「やる気を奪う」最大の敵が、「ストレス」にある**ということでした。

それまでの私は、トレーニングが足りないわけでも、努力が足りないわけでもなく、逆に**あまりにも過酷に取り組みすぎたがゆえに「空回り」して、ストレスばかりため込んでいた**のです。

★
私がついに見つけた
「折れない心」のつくり方を初公開！

みなさんも、以前の私と同じように、結果に結びつかない理由を「努力が足りないせいだ」と思ってはいないでしょうか。

40歳を過ぎれば、自分の仕事だけでなく、部下の教育などマネジメントの仕事が加わり、さらに責任は重くなっていくばかりです。

日々、考えなければいけないことも、やるべきことも増えていきます。

いわば、**脳はつねに何かを考えている状態**です。

それが、**どれほどのストレスであり、心身を蝕んでいるのか、そのことをまずは実感する**必要があります。

これから「3角形の法則」を実践する方法を紹介しますが、**それらすべてに共通しているのが「ストレスマネジメント」**です。

Kasai's Training

**►「折れない心」を生み出す「3角形の法則」**

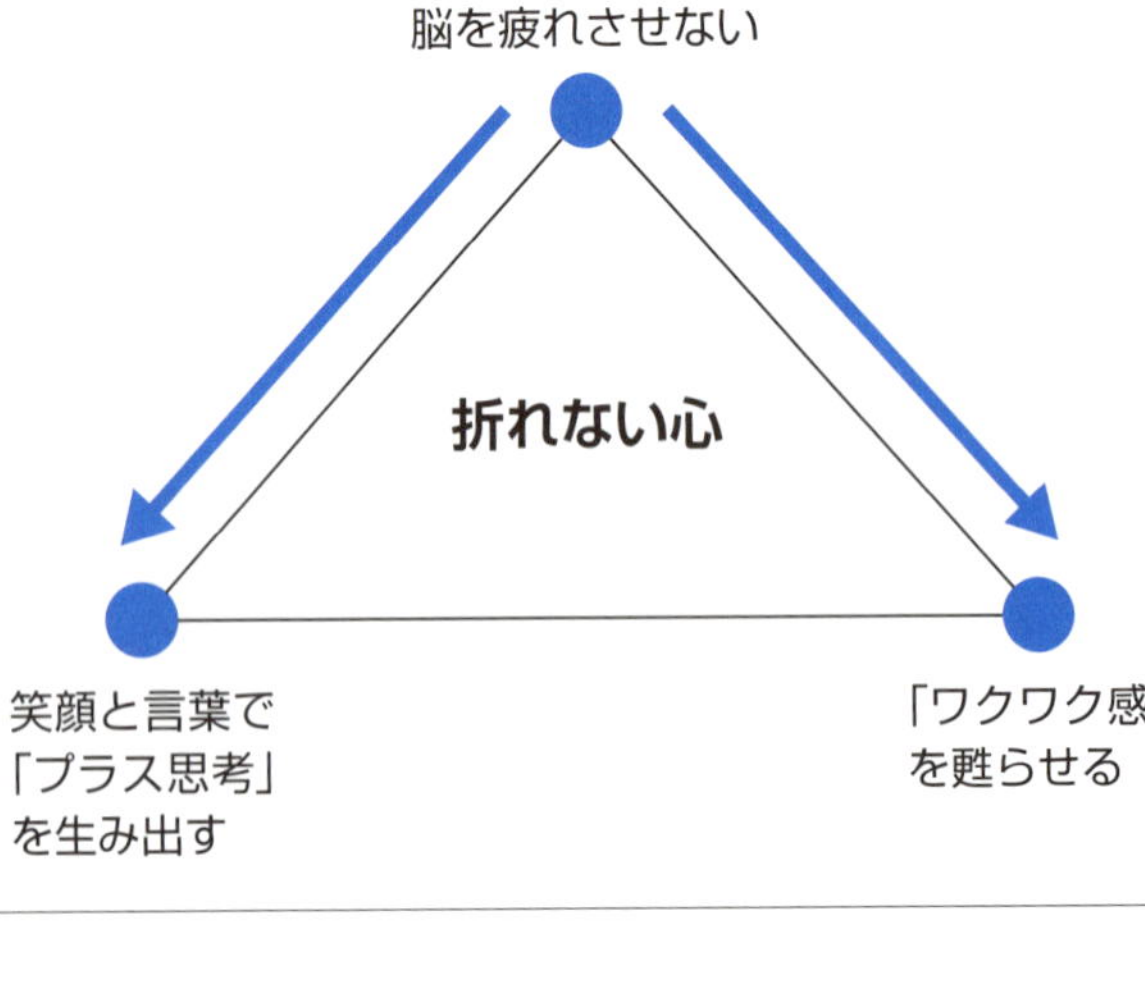

脳を疲れさせない
折れない心
笑顔と言葉で「プラス思考」を生み出す
「ワクワク感」を甦らせる

次項からの葛西式「メンタルメソッド」を実践することで、**ストレスは軽減され、やる気も戻ってくると同時に「折れない心」もつくっていける**というのが私の持論です。

この**「3角形の法則」を実践してみて、はじめて自分がいかにストレスをため込み、それが心を蝕んでいたのか、気づく人も多い**のではないでしょうか。

## コツ 22
## ★折れない心をつくるには「3角形の法則」がポイント。実践すれば、ストレスも減り、やる気も戻ってくる。

葛西式メンタルメソッド 1

# 脳を疲れさせない

## あえて「脳を休ませる」ことで、強いメンタルを手に入れる

✓ **ストレスから解き放たれるには「脳を休ませる」ことが大切**

いま述べたように、「折れない心」をつくるために不可欠なのが「ストレスマネジメント」です。

ストレスというのは、その原因も含めて漠然としていることが多いものですが、ストレスを減らすアプローチの仕方はいたってシンプルです。

**「脳を疲れさせない」「脳を休める」**。これに尽きると思います。

疲れを感じたとき、**「体を休めよう」と思う人はいますが、「脳を休めよう」と考える人は意外に少ない**のではないでしょうか。

休日は一日中、家でゴロゴロしていたのに、翌日になってもまるで疲れがとれていな

い……。こうした状況は40歳を過ぎると増えてきます。

体を休めたことで休養した気になっていても、同時に**脳も休めなければ疲れはとれません**。せっかくの休日なのに、仕事のことがあれこれ頭をよぎると、脳を休めたことにはならず、リラックスできません。

逆に、体は動かしていても、脳をしっかり休めさえすれば、おもしろいように疲れは吹き飛びます。**脳は、体以上に疲れている**ともいえます。

最近、「疲れがとれにくくなった」と感じている人は、**体よりも脳を休ませる意識**をもってください。

**40代からのストレスを減らす第一歩は、とにかく仕事のことを考える時間を減らし、「脳を休ませる」こと**だと私は思います。

## ✓「脳を疲れさせない」ために私がやっている5つのこと

では、私は「脳を疲れさせない」ために何をしているのか。

私も若いころは練習が休みの日でも、頭の中はスキージャンプのことでいっぱいでし

★ストレスを減らすポイントは「脳を上手に休ませる」こと

たが、いまはできるかぎり競技のことを考える時間を減らし、**「脳の休息」**を心がけています。そのためにやっていることは次の5つです。

### ❶日ごろから練習（仕事）をしすぎない

前述したように、私は30代に入ってから、大きくトレーニング方法を見直しました。その結果、「疲れない体」を手に入れることができましたが、それは**「脳を休ませる」ことで得られた結果**だとも思っています。

具体的には、**徹底的にムダを省き、トレーニング時間をできるだけ短縮**しました。トレーニング時間が長いということは、体を酷使するだけでなく、その間、頭の中もフル稼働しているということです。考えないようにするには、まずは**日ごろから練習（仕事）をしすぎない**ことです。

読者のみなさんも、なるべく仕事の時間を短縮できるように、やり方を見直してみてください。改めて見直すと、作業方法を変えるだけでムダが省けるものから、やる必要のなかった作業まで、意外にムダな部分は多いものです。

## ❷ 本番直前はとくに練習（仕事）をしすぎない

私が「脳を疲れさせない」ようにとくに意識するのが、試合の本番前です。**直前まであれこれ考えていると、いざというときに脳が疲れてしまい、本番で集中力が発揮できません**。

スキージャンプという競技は、思っている以上に脳を使うスポーツです。スタートから着地までのほんの数秒の間に、体のバランスや姿勢、タイミングなど、いろいろなことを同時に考え、調整する必要があります。1本のジャンプで受けるストレスは相当なものです。

ですから、私は大事な試合のときも、**本番前の「試技」や「予選」はあえて跳ばずに、いきなり本選にのぞむ**ことが多々あります。

**1本でも跳ぶ本数を減らして「脳を休ませる」ことで、本番の2本に全力を注ぐ**のです。

自分の本番前にも、あえてチームメイトの応援に駆けつけるなど、**「考えすぎないように」「脳が疲れないように」**いろいろ工夫しています。

みなさんの中には、プレゼンや商談の直前まで、資料をチェックしたり、頭の中で流れをシミュレーションしたり、せわしなく頭を使っている人も多いのではないでしょうか。

★
本番前に、あれこれ考えすぎて
脳を疲れさせていませんか？

それでは、本番前に疲れてしまい、力を発揮することはできません。**大事な場面こそ、早めに準備を済ませ、時間の許すかぎり「脳を休ませる」環境を整える**ようにしてください。

### ❸「競技（仕事）のことは一切考えない時間」をつくる

私は日ごろから「練習をしすぎない」ための工夫をいろいろしていますが、それと同時に**「競技のことは一切考えない時間」もできるだけつくる**ように努力しています。**トレーニングをしないというだけでなく、スキージャンプそのものを考えない時間**です。

以前は、トレーニングが休みの日でも、ジャンプのことが頭を離れず、無理やり環境を変えようと、よくサウナに出かけていました。いまは家族がいるので、娘と遊んだり、家族で温泉に出かけたり、かなりリフレッシュしやすい環境になったと思います。

休みの日だからといって、家でゴロゴロしているだけでは、どうしても仕事のことが頭をよぎり、「脳を休ませる」ことができません。

**「趣味に没頭する」「家族や友人と出かける」など、仕事のことを考える隙のない環境に身を置くことが大切**です。

スポーツやサウナなど**「体を動かして汗をかく」のも、脳をリフレッシュするにはい**

**い**と思います。

**❹日常の中にも「楽しみ」を取り入れる**

「脳の疲れ」を蓄積しないために、私は練習メニューに工夫をこらし、**日常の中にも「楽しみ」を取り入れる**ようにしています。

私の場合、**「楽しい」という感情があるだけでも、脳の疲れ方に差が出る**と感じているからです。

日常のトレーニングに、ビーチバレーやサッカー、スラックライン（綱渡り）などをあえて取り入れることで、**笑顔でがんばれる「楽しくつらい練習」を増やしています**。また、練習中にギャグをいって後輩たちを笑わせたり、率先して場を盛り上げることで、私自身にも笑顔が増えていきます。

日々の仕事や日常生活の中に、**可能な範囲で「楽しめるメニュー」「楽しめる雰囲気づくり」を取り入れることで、「脳の疲れ」はかなり緩和される**はずです。

**❺苦手な人とは付き合わない**

ビジネスパーソンのストレスの原因として、よく上位に入るのが人間関係です。

人間関係での不満は、かなり脳に「疲れ」を蓄積させます。

★仕事や日常に「楽しめるメニュー」を取り入れて「脳の疲れ」を減らしてあげよう!

私自身もそうですが、ムダな時間とわかりつつも、頭の中でその人に対する不満をあだこうだと考えてしまいがちです。

ですから、**私は苦手な人はもちろん、初対面でも「合わなそう」と感じた人にはできるだけ近づかない**ようにしています。観察力が鋭いせいか、そのあたりの自分の直感は正しいことが多いと感じています。

仕事相手はなかなか選べないかもしれませんが、プライベートでの付き合いは自分の意思でどうにでもなるはず。

**できるだけ楽しく過ごせる人と一緒にいることは、脳だけでなく心を疲れさせないためにも重要**だと思います。

## コツ 23 ★「脳を疲れさせない」ために5つのことをしよう。工夫次第で「脳の休息」は増やせる！ 体の疲れもとれる！

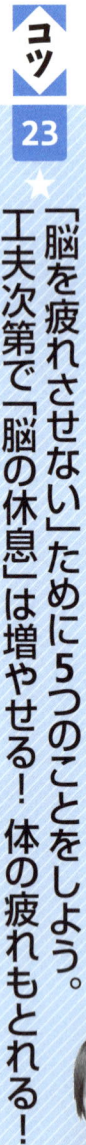

葛西式メンタルメソッド 2

# 笑顔と言葉で「プラス思考」を生み出す
## 2つの方法で「よいスパイラル」をつくり出す

### 「プラス思考」に導く2つの方法
#### ――「笑顔」と「言葉」の上手な使い方

「脳を疲れさせない」ようにしてストレスマネジメントができてくると、自然と気持ちが上向き、前向きになってきます。

**次のステップは、意識的に「プラス思考」へと脳を変えていく**ことです。

私が実践している、手っ取り早く「プラス思考」を手に入れる方法は次の2つです。

### ❶笑顔を絶やさない

まずは**「どんなときでも笑顔を心がける」**ようにしています。

**「笑う門には福来たる」**とはよくいったもので、本当にそのとおりだと思います。

落ち込んでいるときでも、顔を上げて笑顔をつくってみると、なんとなく気分が上昇してくるから不思議です。**笑顔には、思っている以上に多くのことをプラスに変えてくれるパワーがあります**。

後述するように、私自身、昔は笑顔が苦手でした。それどころか、周囲には「鉄仮面」とさえ呼ばれることもありました。

あるとき、「これではいけない」と思い、**無理にでも笑顔を増やしていくと、そこからいろいろなことがプラスに働くようになっていった**ように思います。

外国の選手やファンからは「いつもニコニコしているね。応援したくなるよ」と声をかけられる機会や握手を求められる機会が増えていきました。

笑顔が増えると、浮き沈みの激しかった感情の波もゆるやかになってきました。内にばかり向いていた意識を外へと向けられるようにもなり、成績も少しずつ上向きになりました。

みなさんは無意識のうちに、眉間にシワを寄せていませんか？

**「プラス思考」への道は、まずは「険しい表情をしている自分」に気づくことから始まる**といっても過言ではありません。

最初は、笑顔がぎこちなくても、作り笑いになってしまっても大丈夫です。

「人に会ったら笑顔」「無表情より笑顔がいい」と自分に言い聞かせて実践してみてく

## ★ 無意識のうちに眉間にシワを寄せていませんか？

ださい。すぐに始められる簡単なことですが、**それだけで自分の精神状態も変わってくる**はずです。

**人間はいつからでも変われます。**

**「笑顔を増やすだけで、人生は大きく変わる」**と私は実体験から確信しています。

## 私もかつては「鉄仮面」と呼ばれていた

いまでこそ「葛西さんは、いつでも笑顔ですね」とよくいわれますが、いま述べたように、20代までの私は無愛想な人間だったと思います。

とくに大会中は、ほとんど誰ともコミュニケーションをとらず、むしろ「話しかけるな」というオーラを意識的に発していたほどでした。

その結果、周囲の人からは「鉄仮面」と呼ばれることもありました。

10代から世界で活躍し、ワールドカップでは常にトップクラスの成績を維持していたので、「誰にも負けない」という気負いや「結果を出すことだけがスポーツ選手」という信念が強すぎたのだと思います。

いま思うと、ふてぶてしい態度をとることも少なくなかったと反省しています。

しかし、そんな私に待っていたのがソルトレークシティオリンピックの惨敗でした。無愛想で人を寄せつけないオーラは、メダルにも敬遠されてしまったのです。

その後、フィンランド人コーチから学んだストレスマネジメントにより、自然と余裕が出てきて、笑顔が増えていきました。

最初は作り笑いでしたが、いつの間にか表情につられて気分まで明るくなり、最終的には、ピンチのときでも自然と笑顔になれるまでに変わっていきました。

あれだけ人を寄せつけないオーラを発していた「鉄仮面」の私でさえ、笑顔が褒められるまでになったのです。

みなさんもきっと、できるはずです。

## ❷ 一言でも多く「プラスの言葉」を使って、頭から「マイナス思考」を消す

もうひとつ「プラス思考」を生み出すために私が意識してやっているのが、**一言でも**

**多く「プラスの言葉」を使って、頭から「マイナス思考」を消す**ことです。

日本には「言霊《ことだま》」という言葉があります。発した言葉には魂が宿り、そのとおりになるという意味です。

**私がとくに気をつけているのは「ダメだ」「どうせ」「疲れた」という3つの言葉をなるべく使わない**ことです。

この3つが口ぐせになっている人がいるとすれば、要注意です。

「もうダメだ」という言葉を口にすれば、やる前から失敗する気がしてきます。「どうせ、自分なんか」と言葉にすれば、何をやっても徒労に終わります。「疲れた、もうヤダ」と言葉にすれば、「疲れる体と心」を育んでしまいます。

「ダメだ」「どうせ」「疲れた」といいたくなったら、**代わりに「大丈夫、できる」「なんとかなる」「がんばった」の言葉を使う**ように気をつけています。

「大丈夫、できる」と口にすれば成功に近づき、「私ならなんとかなる」と口にすれば努力が報われる気がします。「今日もがんばった」と口にすれば、明日への活力がわいてきます。

もっというと、**「いや」「やだ」「違う」など、あらゆるマイナス言葉をで**

Kasai's Training

**▶葛西式「プラス思考」を生み出す「3つの言い換え」**

「もうダメだ」 ▶ 「大丈夫、できる」
「どうせ、自分なんか」 ▶ 「私ならなんとかなる」
「疲れた、もうヤダ」 ▶ 「今日もがんばった」

**きるだけ使わない**ように心がけています。マイナス言葉を使ってしまうと、**頭の中もマイナス思考に無意識のうちに引きずられてしまう**からです。

これは自分に対する言葉だけではありません。**他人に対しての言葉も同じ**です。

他人に対して「ダメだ」「どうせ」と否定的な言葉ばかり投げかける人は、ネガティブな側面にばかり目を向けているので、どんどん**自分自身の「プラス思考」からも遠のいてしまいます**。

そういう人は、まわりのサポートを受けるチャンスも減り、結果として、損をしてしまうばかりではないでしょうか。

同じく、**「他者批判をしすぎる人」にも近づかない**ようにしています。**せっかく手に入れた「プラス思考」も、他人の言葉でマイナスへと引っ張られてしまう**からです。

## コツ 24

## ★笑顔と言葉を変えれば、「プラス思考」は生み出せる。「3つの言い換え」で、マイナス言葉を極力、減らそう。

## 心の支えとなった「魔法の言葉」
### ――「成功への十訓」

「プラスの言葉を使う」ことと同時に、私が大切にしている言葉があります。

どん底に突き落とされたときに這い上がるきっかけをくれた**「魔法の言葉」**なのですが、それは土屋ホームの「社訓」ともいえる**「成功への十訓」**です。

社員全員に配られる手帳に書かれているのですが、私は折に触れてこれらの言葉を読み返し、「折れそうな心」を何度も奮い立たせてきました。

「成功への十訓」とは、次のようなものです。


**【成功への十訓】**

1. **もののみかた、考え方を変えると人生が変わる**
2. **信念暗示など、心の潜在意識を活用せよ**
3. **夢をみ、目標をたて現在に最善を尽くせ**
4. **逆境こそ天が自分に与えた最大のチャンスである**
5. **良い本、良い人、良いものに積極的に接せよ**

❻数字、時間、他人、自分に強くなれ
❼専門知識又は超一流のものを何か一つ身につけよ
❽人生成功すべてのものに先人の知恵と汗とで創りあげた公式があることを知れ
❾常に問題意識を持ち、なすべきことを知り、それをなし遂げる根性を持て
❿自分の立場や環境に感謝の念を持ち現状改革にたゆまず挑戦せよ

どれも素晴らしい言葉で、手帳に書かれている各言葉の説明文とあわせて何度も読み返しています。

なかでも、私が感銘を受けた言葉が、次の3つです。

**★「もののみかた、考え方を変えると人生が変わる」**

これは本当に実感していることです。まさに「ものの見方」と「考え方」を変えたことで、私の人生は劇的に好転しました。

**頑固一徹だった私が、年下であり、選手としても格下だったフィンランド人コーチをすんなり受け入れられたのも、この言葉の影響によるもの**です。

この言葉に出合って以来、柔軟性をもって物事を見られるようになりました。

**「ものの見方、考え方を変える」というのは、「柔軟性のあるものの見方、考え方に変える」こと**だと私は理解しています。

そうすることで、自分が幸せになり、周囲の人たちも「幸せのループ」に巻き込むことができるのだと思います。

手帳には、幸福への要素として「素直な心」をもつことが大切だとも書かれています。そのために最も必要なことは**「謙虚な気持ちで人の言葉や教えに耳を傾ける」**こと。

これはまさに私が「ものの見方、考え方」を変えたからこそ手にできたもので、40代に入っても結果を残せている大きな一因になっていることは間違いありません。

### ★「夢をみ、目標をたて現在に最善を尽くせ」

「はじめに」でも書いたように、私の座右の銘は「夢は、努力で叶える」です。**努力というのは「夢」があるからこそできるもの**です。

夢がなければ、がんばる張り合いもてず、なんとも味気ない人生になってしまうように思います。

私の夢は「オリンピックで金メダルをとる」こと。スキージャンプを始めて35年以上の年月が経っていますが、その間、揺るぎなくもちつづけている夢です。

★「成功への十訓」を読み返すことで、「折れそうな心」を何度も奮い立たせた

夢を叶えるための努力は人一倍してきたと自負していますが、それでも手が届かない夢に、自暴自棄になりそうになったこともありました。

そんなときは、同じく手帳に掲載されている**「目標を達成するために」大切なこと**（下記参照）を読み返すことで、努力の方向性を見直し、人生の軌道修正ができたと思います。

### ★「逆境こそ天が自分に与えた最大のチャンスである」

私は高校を卒業してすぐに入社した地崎《ちざき》工業、その後に移籍したマイカルと、10年間に二度、所属チームが廃部になるという不運に見舞われました。

プライベートでは母が火災に巻き込まれて

Kasai's Training

### ►「目標を達成するために」大切なこと

❶目標は、自分が心から欲している願望であり、その**願望に確固とした信念を持つ**こと

❷**明確な目標**、実現可能な目標であること、やりがい、生きがいのある目標であること

❸個人、家庭、会社の総合的な目標設定をすること

❹**目標は長期と短期**、有形と無形に分けられる

❺**目標を設定したら、必ず紙に書くこと**

❻身近な欲求からスタートさせること

❼**毎日見て、声を出して読むこと**

❽行動は継続化、習慣化させる

❾**達成したときのことを絵や写真などでイメージ化**する

❿**信じて疑わない**

1997年に亡くなり、永らく難病と闘ってきた妹も2016年に亡くなりました。

そして、周囲に期待されながらも結果を残せない、オリンピックでの数々の屈辱……。

「よく乗り越えてきたな」と自分自身を褒めてあげたくなるほど、**30代前半までの私の人生は逆境続き**でした。

若いころはがむしゃらにトレーニングに打ち込み、自分をいじめ抜き、「これだけやった」という自信をつけることで、逆境を乗り越えてきました。

しかし30代以降、逆境を乗り越える力をくれたのが、この「逆境こそ天が自分に与えた最大のチャンスである」という言葉です。

「なぜ自分だけが、こんな目にあうんだ……」と不安やつらさにばかり目を向けてしまうと、途端に気持ちが崩れてしまいます。

私自身、次から次へと降りかかってくる苦難に「なぜ自分だけ……」と感じてしまったことも、正直ありました。

だからこそ、この言葉を聞いたとき**「そうか、逆境は自分を鍛えてくれる素晴らしい機会なんだ」**と、目から鱗が落ちる思いがしたのです。

いま取り上げた3つの言葉がすんなりと心の中に入ったのは、私自身がどん底を味わったからかもしれません。そのおかげで、私は自分自身を見つめ直すことができました。

「そう考えると、どん底に落ちるのも悪くない」と思えるいまの自分は、本当に強くなったなと感じています。

葛西式メンタルメソッド

3

## 「ワクワク感」を甦らせる

## 2つの方法で「いつの間にか失った感情」を呼び起こす

### 失った「ワクワク感」を取り戻せば、心はさらに強くなる

「好き」「楽しい」「ワクワクする」、これは私がスキージャンプに対して変わらずもちつづけている気持ちです。

誰もが仕事を始めたときは、こうした**「ワクワク感」**をもっていたはずです。

しかし、それは日々の仕事や生活に追われる中で、**いつの間にか忘れてしまいがちな**

**感情**でもあります。

**「折れない心」をつくるには、この「ワクワク感」を甦らせるのが重要**になります。

「失われがちな感情」を呼び起こすために、私は2つのことを意識してやっています。

## ❶「原風景」を思い出す

**「ワクワク感」を呼び起こすために、私がまずやっているのが「原風景を思い出すこと**です。

年齢を経るごとに、「義務」や「惰性」で仕事をしてしまう人は多いものです。

仕事に慣れてくるにつれて、「飽きた」「退屈だ」などマイナス面に目がいってしまい、最初のころにはもっていたはずの「ワクワク感」はますます遠ざかっていきます。

「好き」「楽しい」というワクワクした気持ちが薄らいできたとき、**私ははじめてジャンプを跳んだときの気持ちを思い出す**ようにしています。

はじめて跳んだのは子ども用につくられた5メートル級のジャンプ台でした。

着地方法すら知らないままに跳んだはじめてのジャンプでしたが、「気持ちいいし、楽しい！」と私はこの競技にすっかり魅了されてしまいました。

一瞬の出来事でしたが、私は「もっと高く、もっと遠くへ跳びたい」と思ったのです。

★
仕事を始めたときの「ワクワク感」をいつの間にか失っていませんか？

跳ぶ瞬間のふわっと浮き上がる感覚が、なんとも気持ちよかったことを覚えています。

「もっと高い20メートル級のジャンプ台を跳びたい」

「それが跳べたら50メートル級のジャンプ台を跳びたい」

「誰よりも、世界一、遠くへ跳びたい」

これが私の「原風景」です。

誰にでも、必ず仕事を始めた理由（原体験）があります。そこには、**決して「マイナスの感情」はなかったはず**です。

「おもしろそう。あんな、大きな仕事がしたい」

「自分もああなりたい」

**「鮮明に」原風景を思い出すだけで、「好き」「楽しい」というシンプルかつ、プラスの原動力がわいてくる**のではないでしょうか。

**❷「新しいこと」を始める**

もうひとつ、**「ワクワク感」を呼び起こすために効果的なのが、「新しいことを始める」**ことだと思います。

仕事で何か失敗をしても、「若いから」という理由で済まされなくなるのが40代です。

「結果を出さなくてはいけない」「部下や後輩の手本にならなくてはいけない」と重くなった責任ばかりに目がいきがちです。

しかし、失敗を恐れて受け身になれば、チャレンジ精神を忘れてしまうだけでなく、仕事も楽しくなくなっていきます。

前述したように、私は30歳を過ぎたとき、それまでのトレーニング方法を全面的に見直し、フィンランド人コーチから学んだ「新たな方法」を導入しました。

それ以後、「柔軟な思考」でさまざまなトレーニング方法を取り入れるようになり、練習がぐんと楽しくなりました。

読者のみなさんも**「いまのやり方」に固執せず、「新しい方法」を学ぶことで、仕事の楽しさが甦ってくる**こともあるはずです。

このように**「ワクワク感」を取り戻すためには、何か「新しいこと」を始めてみるのが手っ取り早い方法**だと思います。

仕事でも、趣味でも構いません。**何かひとつワクワクするものができれば、その気持ちはいろいろな面に派生**します。

私の場合、スキージャンプ以外でも、ソチオリンピック後に増えた講演会は「新しいチャレンジ」であり、多くの方々との交流につながった出来事でした。

★
何でもいいので「新しいチャレンジ」は、新たな楽しみ、出会いをもたらしてくれる

私は人前で話すことが苦手だったので、最初は正直、戸惑いましたが、みなさんが本当に温かく迎えてくださり、講演後、「感動しました」という感想をいただくと、お引き受けしてよかったと感じます。

**「新しいチャレンジ」は「新たな楽しみ」を生むだけでなく、「人と人との輪」も広げてくれます。**

40歳を過ぎても「新しいチャレンジ」をすることによって、「ワクワク感」を取り戻せるだけでなく、自分の苦手意識も克服でき、新たな出会いもやってくる。

そう考えただけでも、何か新しいことにチャレンジしてみようと「ワクワク」してくるのではないでしょうか。

## 私も30歳を過ぎて英会話学校に通いはじめた

私のもうひとつの「新しいチャレンジ」といえば、30歳を過ぎて、トレーニングの合間に英会話教室に通いはじめたことでした。

海外遠征での優勝インタビューの際、それまでは通訳を通して日本語で答えていましたが、「英語で答えられたほうがかっこいい」と思い、一念発起しました。

英語を学ぶことで、インタビューだけではなく、海外の選手やファン、そこに住む人たちとのコミュニケーションがラクになり、長いヨーロッパ遠征は「孤独な戦い」から「楽しみ」へと変化していきました。

いまでは、大会が開催される国（フィンランドやドイツ、オーストリアなど）の言葉で、簡単なあいさつはできるようになりました。

「ありがとう」や「こんにちは」だけでも、現地の言葉を使うことで、その国の人々との距離はぐんと縮まるものです。

驚く顔や嬉しそうな顔を見ると、内心「やった！」と、子どものようにウキウキとした気分になります。

始めるときは勇気がいりましたが、「新しいこと」に挑戦してよかった、といまでも強く思っている出来事です。

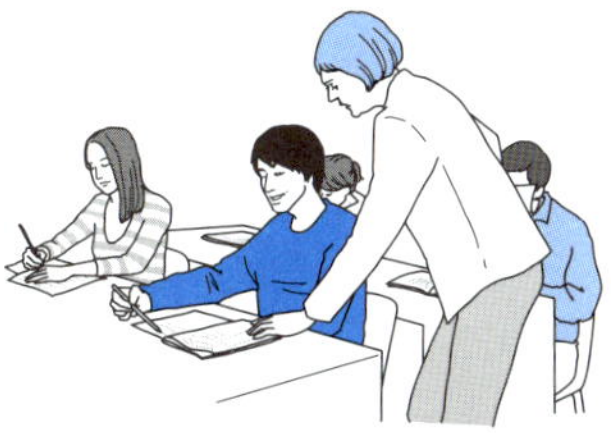

## 「折れない心」をさらに強くした講演会へのチャレンジ

「3角形の法則」を発見し、実践してきたことで、私のメンタルは飛躍的に強くなりました。それがソチオリンピックでの2つのメダルにつながったと確信しています。

しかし、**それでも、なかなか受け入れることのできない「つらい過去」があった**ことも事実です。

それさえも、みなさんの前で堂々とお話しできるようになったのは、土屋ホームの川本謙《けん》副会長が強くすすめてくれた講演会へのチャレンジがきっかけになったと思います。

このチャレンジは、改めて「3角形の法則」の重要性を見直す機会にもなりました。

前述しましたが、ソチオリンピック以降、講演会のオファーをたくさんいただくようになったとき、最初は困惑し、正直、やりたくない気持ちのほうが勝っていました。

人前で話すことが苦手な私が、90分もの間、ひとりで話しつづけるなんて到底できないと思ったからです。それに、いったい何を話せばいいのか、まったく自信がありませんでした。

そんな私の背中を押してくれたのが川本副会長です。

まず川本副会長にアドバイスをいただいたのは**「何も隠さず、真実を伝える」**ことの大切さでした。そして、聴衆の心をつかんで「聞きに来てよかった」と思ってもらうには、「話の流れ」が大切だと、スピーチのコツも教えてくださいました。

具体的には、**人前で話すときは「5つの要素」を盛り込む**ことを教えてくれたのです。

**❶笑い**（リレハンメルオリンピック・団体戦での原田さんのジャンプの失敗）
**❷涙**（幼いころの話、母の手紙と死）
**❸努力**（逆境を乗り越えてきた経緯）
**❹感謝**（土屋ホーム、家族の応援に対する感謝の気持ち）
**❺決意**（今後の夢）

最初はそれでも、幼いころの貧しかった話や母の死は、あまりにもつらく悲しすぎて話せないと思っていました。

「貧しかったことがどうして恥ずかしいんだ。その時代があったおかげでハングリー精神が身につき、いまがある。本当に恥ずかしいのは、人の物を盗んだり、人の道にはずれたことをすることだ」

しかし、川本副会長はこのようにおっしゃったのです。

「お母さんのことも同じだ。お母さんがいたからこそ、いまの葛西紀明がある。感謝の気持ちを込めて、堂々とお母さんの手紙を読みなさい」

母が生前に遺してくれた手紙は、スピーチの練習段階では、嗚咽《おえつ》で読み上げることができませんでした。

しかし、練習を続ける中で、これまで悲しい気持ちばかりだったのが、突然、ふっきれたように晴れやかな気持ちになったのです。悲しい気持ちよりも感謝の気持ちのほうが大きくなっていることに気づきました。

そしていまでは、素晴らしい母のことを堂々と、涙を流すことなく、みなさんの前で語ることができるようになりました。

「恥ずかしかった過去」はいつの間にか「ハングリー精神を養う糧になった経験」に変換され、「悲しい気持ち」はいつの間にか「感謝の気持ち」に変わっていきました。

このように、**気持ちのもち方ひとつで、人の心はプラスにもマイナスにもなります。**

どんなに「心が強くなった」と思っても、ふとしたときに「弱い心」があらわれ、心が折れそうになることは、誰にだってあることです。

そんなときは、私自身の経験も参考にしつつ、いま一度、みなさんなりの「3角形の法則」を実践してみてください。

## コツ 25 ★「原風景」を思い出し、「新しいチャレンジ」をすることで、何歳になっても「ワクワク感」は取り戻せる。

第5章

# 心が劇的に強くなる、本番で最高の成果が出せる！

## 最強の「イメージトレーニング」と「呼吸法」を初公開

## 勝率を上げる「最強の秘策」がある！
### ——不安を取り除き、緊張感をゆるめる

29歳で味わった大きな挫折をきっかけに、私が「メンタル改革」に取り組んだことは、これまで述べてきたとおりです。

前章で述べた「3角形の法則」を見つけ出すことで、「折れない心」をつくるための**心を「守る」耐久力**が身についていったと感じています。何度敗れても、ちょっとやそっとのことではへこたれず、負けずに立ち向かう心です。

それだけでも心が強くなり、成績は少しずつ上向きになっていきました。

しかし、本番で実力を発揮し、最高の成果を出すには、**積極的に「攻める」メンタルの強さも必要**だと感じていました。

守るだけではない、**もうひとつの「強い力」**です。

私は絶えず「どうしたら勝負に勝てるのか」を考えています。

10代や20代の若い選手と比べて、ひときわ年齢で飛び抜けている私ですが、**「年齢的に、この程度の成績をとれれば御の字」と考えたことは一度もありません**。

★
あなたは本番で実力を出せますか？
「攻める」メンタルの強さをもっていますか？

**目指すは、常に「一番」**です。


では、どうすれば大切な本番で、もてる実力を発揮し、最高の成果が出せるのか。

試行錯誤の結果、ポイントは次の2点にあることに気がつきました。


**「不安な気持ちを取り除く」**

**「緊張感をゆるめる」**


「不安」と「緊張」という2つの感情は、思っている以上にストレスを生み、頭も体も心も縮こまってしまいます。そうなれば当然、最高のパフォーマンスはできません。

読者のみなさんの中にも、

「不安な気持ちが強くて、本番になると、ついオドオドしてしまう」

「本番ではいつも緊張して、頭が真っ白になってしまう」

といった経験がある人も多いと思います。


**本番で実力を出せなくなる2大要因ともいえる「不安」と「緊張」**。

★

「不安」と「緊張」を減らせれば、
本番で最高の成果が出せる!

本章では、これら2つの感情を攻略し、「本番で最高の成果を出す」ために私が行っている**「心が強くなる最強のメソッド」**を紹介します。

このメソッドさえあれば、若い人のパワーとバイタリティを凌駕《りょうが》し、それを超えるパフォーマンスを本番で発揮できるはずです。

## コツ 26

## ★「不安」と「緊張」の2つを取り除くと、本番で実力を発揮して、最高の成果を出せる。

葛西式
心が強くなる
メソッド
1

# 「最強のイメージトレーニング」で、不安を取り除く
## メンタル面がぐっと強くなる！ 具体的なやり方とコツ

### ✓ 不安を撃退！ 自信が手に入る「イメージトレーニング」のすすめ

いま述べたように、本番で最高の成果を出すために、まず必要なことは**「不安な気持ちを取り除く」**ことです。

気がかりなことや心配なことがあれば、自信がもてず平常心で本番にのぞむことはできませんよね。

私は若いころ、不安になるたびにがむしゃらにトレーニングに没頭し、「これだけやったんだから大丈夫」と自分に言い聞かせてきました。

しかし、それが「空回り」に終わり、うまく結果につながらなかったのも、これまで述べてきたとおりです。

どうすれば「不安な気持ちを取り除く」ことができるのか。

私にとって、そのための鍵になっているのが**「イメージトレーニング」**です。

**「イメージトレーニング」とは、理想の自分の姿やシーンを思い浮かべることで、成功体験をくり返し脳に記憶させる訓練**のことです。

私はイメージトレーニングをくり返し、「大丈夫、できる！」という自信を得ることで、不安を払拭し、徐々に本番で実力を発揮できるようになっていきました。

「イメージトレーニング」と聞くと、スポーツ選手を思い浮かべる人は少なくありませんが、私はビジネスパーソンにも有効なトレーニングだと思っています。

たとえば、プレゼンや会議など「人前で話す」場面を想像してみてください。

人前で話をするのは緊張しますし、その場が盛り上がらない、自分に好意的でない雰囲気になることだって多分に考えられます。不安な要素はたくさんありますよね。

みなさん、それなりに準備や段取りを考えて本番にのぞむはずですが、そういった状況に対して、自分がどう対応し、プラスに転じていくのか。

**「自分の感情」「周囲の反応」「場の雰囲気」を加えて具体的に場面をイメージ**しておけば、本番での不安や緊張感は大きく変わってきます。

イメージトレーニングで「成功シーン」を思い描いておくことで、**直前にあたふたすることもなく、「脳を休ませる」時間をつくる**こともできます。結果、リラックスして本番にのぞめるという効果も期待できます。

注意すべき点は、**自分の都合のいいように「現実離れした理想のストーリー」をつくり上げるのがイメージトレーニングではない**ということです。

自分が「こういう場面で」「どのような状態になるのか」いい状況も悪い状況も想定したうえで、それを最終的にどうプラスにしていくのか、**途中経過もしっかりとイメージしながら、「なりたい自分」をくり返しイメージすることで、一歩ずつ「理想の自分」に近づけていきます**。

私の場合は、いい結果（オリンピックでの金メダル）に結びついたときの「心のあり方」「理想のジャンプ」「優勝してメダルを獲得した姿」などをくり返し鮮明に思い描き、イメージトレーニングを行います。

詳しいやり方はこれから紹介しますが、イメージトレーニングはくり返し行うことで、身についていくものです。

## ★ 現実離れした理想のストーリーをつくるのが、イメージトレーニングではない

反復練習によって、**より具体的で正確な「成功した自分」を思い描けるようになれば、メンタル面でもぐっと強くなり、成果に結びつく**はずです。

**コツ27★ 現実離れしたストーリーではなく「いい状況」も「悪い状況」も想定し、最終的にプラスの結果に結びつけるのがイメージトレーニング。**

## ✓ 葛西式「イメージトレーニング」の具体的なやり方
### ――詳細に時系列で思い描き、成功イメージの映像があれば、それを見る

では、葛西式「イメージトレーニング」の具体的なやり方を紹介していきます。

**❶環境を整え、自分がやりやすい「時間と場所」を確保する**

イメージトレーニングをするにあたって、まず大切になるのが**環境を整える**ことです。

具体的には、自分がイメージトレーニングをやりやすい**「時間と場所」を見つけ、確保する**ことです。

自然の中やひとりになれるトイレなどで集中力が高まる人もいれば、逆に騒々しいカフェなどのほうが集中しやすいという人もいます。

また朝起きたとき、夜寝る前のほうが、リラックスと集中ができるという人もいます。**私のイメージトレーニングの「時間と場所」は、朝30分程度のランニング時間**です。子どものころから習慣になっているランニングと合わせることで、すっとイメージの世界に入っていけるようになりました。

じつは私もイメージトレーニングがなかなか定着しませんでしたが、**現在のやり方にすることで、集中も継続もしやすくなった**ように感じています。

また、プレゼンなどのイメージトレーニングの場合は、実際に会議が行われる会議室で予行演習をすれば、より成果が期待できると思います。

## ❷まずは「日常を映像化するトレーニング」から始める

「時間と場所」を整えたら、イメージトレーニングのスタートですが、いきなり本格的な「『ゴール』を設定したイメージトレーニング」は難しいと思います。

そこで、まずは日常的に体験しているシチュエーションで、**「日常を映像化するトレーニング」**から始めるのがおすすめです。

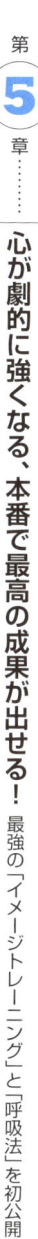

**イメージトレーニングを成功させるには、「細かい動きや情景を、いかに映像化できるか」がポイントになる**からです。

たとえば朝、家を出てから会社に着くまでの道のりを、詳細に映像として思い描きます。毎日通っている通勤路であれば、イメージしやすいはずです。

**最初は「1枚ずつの画像」でも構いません。**

それが鮮明に描けるようになったら、**「スライドショー」にして流れをつくり、「なめらかな映像」に変えていきます。**

最初はかなり難しいと思います。そんなときは、**映像化したいシーン**（たとえば家を出てから会社までの道のり）**を実際に撮影して、その映像をくり返し見ることで、頭の中のイメージも映像化しやすくなります。**

Kasai's Training

### ► まずは「日常を映像化するトレーニング」から始めよう

◉「朝、家を出てから、会社に着くまでの道のり」の例

- 玄関から出るときの気持ちや、外気に触れたときの感覚、見える景色や匂い
- いつも歩いている駅までの道のり
- パン屋さんの前を通るときの匂い、目に入ってくるおいしそうなパンの数々
- 食べたことがあれば、その味
- すれ違う人の声や車の音
- 駅に到着したときの周辺の様子や、ホーム内に流れる駅員の声
- 満員電車に乗ったときの気持ちや、電車に揺られているときの息苦しさ、襲ってくる眠気
- 満員電車を降りて、会社に向かうまでの道の様子
- 会社に到着。スタッフにあいさつし、会社での1日が始まる

私も成功したときのジャンプの映像を何度もくり返し見ます。そうすることで、理想のジャンプを鮮明にイメージしやすくなるからです。

### ❸自分が実現したい「ゴール」を設定する

「日常を映像化する」ことに慣れてきたら、いよいよ本番です。**自分が実現したい「ゴール」を設定し、それに向けたイメージトレーニング**を行います。

ゴールの内容は何だって構いません。

「なりたい自分」「手に入れたいもの」など、何でもOKです。

プロジェクトの成功や昇進、独立した自分など、**できるだけ「明確な目標」を設定するのがコツ**だと思います。

私はゴールを「オリンピックで金メダルを獲得する」に設定したイメージトレーニングをよく行っています。

### ❹「ゴール」に向かってとるべき「行動と思考」を詳細に、時系列で思い描く

「ゴール」を設定したら、そこに向かって**とるべき「行動と思考」を順番にイメージ**

します。

「何をするか、そのとき自分は何を考えているか、どういう心境なのか、周囲の様子はどうなのか」などを一場面ごとに、できるだけ具体的にイメージします。

**そのときのコツは、「詳細に、時系列で思い描く」こと**です。

たとえば、「オリンピックで金メダルを獲得する」をゴールに設定したイメージトレーニングをする場合、朝、起きたときから、最高のジャンプをして優勝するまでのイメージを、**場面ごとにひとつひとつ細かくイメージ**します。

場面を細かくイメージするために、選手村から会場に到着するまでの風景を、練習段階で実際にバスに乗って、しっかりと脳裏に焼

Kasai's Training

## ▶葛西式「イメージトレーニング」の実践例

### ◉設定するゴール＝オリンピックで金メダルを獲得

- ○時に起床、起きたときの気持ち、朝食を食べている光景、体調
- 会場へ向かう道中の景色、時間の過ごし方、自分の思考
- 試合が始まる30分前に会場に着き、まず何をするか
- 試合前の習慣、10分間のランニングとイメージトレーニング
- ユニフォームに着替える様子、コーチや仲間との会話
- ジャンプ台に上り、スターティングゲートに座った瞬間の緊張
- 緊張を抑えるための呼吸法と、緊張がやわらいでいく様子
- アプローチから「ジャンプ → 空中 → 着地 → 停止」までの最高のフォームや思考
- 1本目はどれくらいの飛距離を出し、何位につけるか
- 優勝が決まった瞬間、ブレーキングエリアで大の字になって号泣

きつけます。

選手村内の様子や、試合会場などの様子もしっかりと事前にインプットし、イメージトレーニングの際には、**できるだけリアルな風景を詳細に思い描けるようにしています。**

## ❺必ず「プラスの感情と結果」で終える

前述したように、イメージトレーニングでは、「現実離れした理想のストーリー」をつくり上げるのではなく、**その場面で実際に起こりそうな「いい状況」も「悪い状況」もしっかり想定して行います。**そうでなければ「使えるイメージトレーニング」にはなりません。

しかし、いい結果を出すためにイメージトレーニングを行うわけですから、当然、**「プラスの結果と感情」で終わる**必要があります。

ゴールを「プレゼンに失敗する」などに設定する人はいないと思いますが、そういうイメージを思い描いてしまうと、脳には「失敗体験」がインプットされてしまいます。

ただ、慣れないうちはマイナスな場面を想像してしまいがちです。マイナスなイメージが思い浮かんだときの対処法も最後に紹介しておくので、参考にしてください。

Kasai's Training

## ► 葛西式「イメージトレーニング」の手順

❶環境を整え、自分がやりやすい「時間と場所」を確保する

- 人によってイメージトレーニングしやすい環境は異なる
- 自分にとって、集中・継続しやすい「時間と場所」を見つける

▼

❷まずは「日常を映像化するトレーニング」から始める

- 「映像」でリアルにイメージする
- 「五感」を鮮明にイメージする（見たこと、聞いたこと、味わったこと、匂い、触った感覚）
- 最初は「1枚ずつの画像」でOK
- 徐々に「スライドショー」にして流れをつくり、「なめらかな映像」に変えていく
- 慣れないうちは、実際に撮影した動画をくり返し見ることで、映像化しやすくなる

▼

❸自分が実現したい「ゴール」を設定する

- 内容は、「なりたい自分」「手に入れたいもの」など何でもOK
- できるだけ「明確な目標」を設定するのがコツ

▼

❹「ゴール」に向かってとるべき「行動と思考」を詳細に、時系列で思い描く

- 自分がとるべき「行動と思考」を一場面ごとにイメージする
- 「何をするか」「そのとき自分は何を考えているか」「どういう心境なのか」
- 「詳細に、時系列で思い描く」のがコツ

▼

❺必ず「プラスの感情と結果」で終える

- 「目標達成」シーンがクライマックス
- 必ず「プラスの感情と結果」を思い浮かべる
- マイナスシーンが思い浮かんだときの対処法もある

**イメージトレーニングは「たんに思い描くだけ」ではなく、「いかに映像の中に入り込み、実際に体験した気になれるか」が重要なポイント**になります。

ソチオリンピックのときは、**ものすごくリアルなイメージトレーニング**ができました。

優勝してブレーキングエリアで大の字になって泣くイメージまでくると、**実際に号泣してしまったほど**です。

そうして迎えた本番では、イメージトレーニングで描いたとおりに、**「勝手に体が動いてくれる」感覚**があり、「無心」で跳ぶことができました。

**何も考えず「無心」で跳べたのは、中学校以来**のことです。

いま振り返ると、高校時代からソチオリンピックまでは**「勝つこと」ばかり考えていて、「楽しい感覚」を永らく忘れてしまっていた**と思います。

しかしイメージトレーニングをくり返すことで、俗にいう**「ゾーンに入る」という極限の集中状態になれた**のです。

それが「銀メダル」を大きく引き寄せたと思っています。

## ✓ マイナスイメージが浮かんでしまったときの対処法

いま述べたように、自信がないことに立ち向かうとき、「自分には無理なんじゃないか……」「失敗して、大きく評価を下げてしまうのではないか……」など、マイナスなイメージばかりが頭に浮かんでしまうことは多分にあります。

**マイナス感情はプラス感情よりも強いので、つい引きずられてどんどん悪い方向へと考えてしまいがち**です。

あらかじめ「悪い状況」も想定し、それを克服してマイナス感情も払拭することで最終的に成功を手にするのが「イメージトレーニング」ではありますが、実践できるようになるまでは、ネガティブな感情が勝ってしまうケースも少なくありません。

しかし悪いイメージは、集中力もやる気も笑顔も奪っていくもの。

ですから、**マイナスイメージから抜け出せないときは、いったんイメージトレーニングを中断**してください。**「ただやめる」のではなく「断ち切る」**ことが重要です。

イメージトレーニングを「断ち切る」方法は簡単です。

**「顔の前でパチンと手を叩く」それだけ**です。

**なるべく大きな音を立てる**ようにしてください。そうすると、頭の中で展開していた悪いイメージ映像がぱっと消えます。

そうしてリセットしたら、もう一度最初から、もしくは悪いイメージを描いてしまった直前に戻って途中から、イメージトレーニングを再開します。

私はもともと負の暗示にかかりやすいタイプなので、以前はマイナス感情やネガティブな映像ばかりを思い描いてしまうことも多々ありました。

そのたびにマイナスなイメージを断ち切りながら、イメージトレーニングをくり返し行っていくうちに、失敗した記憶を呼び起こさなくなりました。

35年以上に及ぶ競技生活の中で、数えきれない失敗を重ねてきたので、思い出そうとすれば、いつでもいくらでも失敗した記憶は出てきます。

時にはその記憶が自分を奮い立たせてくれる原動力になることもありますが、イメージトレーニングにおいては邪魔になるだけです。

## ★悪いイメージに引きずられるときは、顔の前で手を叩き、いったん中断する

**イメージトレーニングを成功させるためには、「失敗した記憶を封じる」ことも重要**なのです。

**コツ 28**

**★5つの手順を踏めば、イメージトレーニングは誰でもできる。マイナスイメージに引きずられるときは、顔の前で手を叩いて断ち切る。**

葛西式 心が強くなるメソッド 2

# 「最強の呼吸法」で、緊張感をゆるめる

## 緊張が一瞬で消える！ 効果絶大の「レジェンド・ブレス」のやり方

✓ **緊張が一瞬で消える！**
**企業秘密の「呼吸法」を初公開！**

本番で最高の成果を出すために、もうひとつ不可欠になるのが**「緊張感をゆるめる」**

ことです。

緊張して平常心を失ってしまうと、せっかくの実力を発揮できずに、いい結果を出すことはできませんよね。

じつは**私自身も、昔から過度に緊張するタイプ**でした。

緊張のあまり体に力が入り、失敗した例は枚挙にいとまがありません。

練習ではうまく跳べていたのに、大観衆が見ている本番になると、緊張してしまい、練習と同じジャンプができなかったことは多々あります。

しかし、あるとき**「緊張をゆるめる」すごい方法を発見**しました。

それが、これから紹介する**「最強の呼吸法」**です。

この呼吸法を発見して以来、緊張を大きく減らすことができ、平常心で試合にのぞむことができるようになりました。

「この呼吸法をもっと早く編み出していたら、勝率は格段に上がっていたはず」と思えるくらい**効果絶大のメンタルコントロール術**です。

雑誌などの取材で「緊張感をゆるめるコツ」を問われると、「呼吸法」とだけはお話しするものの、**詳細は永らく「企業秘密」にしてきました。**

できれば秘密にしておきたい気持ちもあるのですが、同年代のビジネスパーソンの方々には、ぜひ本番で力を発揮してほしいので、特別に私が考案した**「最強の呼吸法」**、名付けて**「レジェンド・ブレス」を初公開**したいと思います。

## 最強の呼吸法「レジェンド・ブレス」の具体的なやり方

緊張すると「ドキドキ」と鼓動が速くなり、心拍数が上がります。

私も、本番の直前になると緊張感が増し、何もしなければ200くらいまで脈拍数が上がってしまいます。

個人差はありますが、平常時の平均的な脈拍数は1分間に60～80程度。**緊張すると、脈拍数が通常の3倍にまで跳ね上がってしまう**のです。

よって、**緊張をゆるめるには、脈拍を下げることが重要**になります。

その**脈拍数を下げる呼吸法が「レジェンド・ブレス」**です。

私は最も緊張感がピークに達するスタート前に、必ず「レジェンド・ブレス」を行っています。具体的なやり方は、次のとおりです。

**❶まずは鼻から息を思いきり吸い込む**

まずは、鼻から思いきり息を吸い込みます。**目一杯、空気を送り込んで、できるかぎり肺を膨らませます**。

脈拍が上がっているので呼吸はしにくいとは思いますが、そこをがんばって大きく息を吸い込みます。

**大量の息を吸い込むことだけに集中**してください。目をつぶって行うと、呼吸を意識しやすいと思います。

**❷息を吸い込んだまま5～10秒間、息を止める**

肺が膨らんだ状態のまま**息を止め、5～10秒間、我慢**します。

きついと思いますが、「もう限界」と思えるまでがんばってください。

体に力が入りがちですが、歯を食いしばらず、**口を軽く開けてみまし**

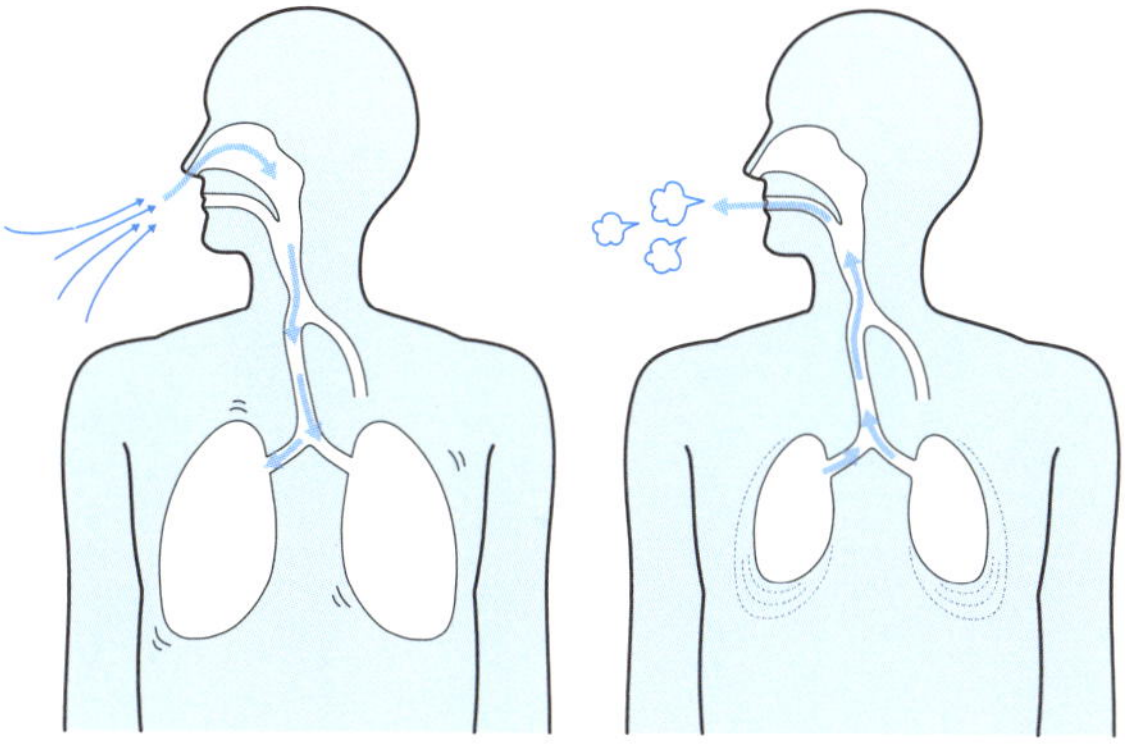

**よう**。そうすると、**体の力が抜けてきます**。

**❸「もう限界」と思ったところから、さらに息を吸い込み、5秒間息を止める**

「もう限界」と思ったところから、**さらに空気を吸い込んで、5秒間息を止めます**。

「❶まずは鼻から息を思いきり吸い込む」で肺が100パーセント膨らんだと思っていても、じつはまだ余裕があることがほとんどです。

**もう一度、空気を吸い込むことで、肺を100パーセント空気でいっぱいにする**のです。

**❹口角を上げ、歯のすき間から少しずつ息を吐く**

**口角を上げて「イ」の表情をつくったら、歯のすき間から、少しずつ息を吐いていきます**。

「イ」の表情とは、歯を見せた極上の笑顔です。

人間の脳は口角を上げて笑った顔になると、表情筋が緩和し、副交感神経が働くようにできています。副交感神経が働けば、脳はリラックスし、自然と体の力が抜けて、より緊張感がやわらぎます。

**「最高の笑顔」を心がけながら、息を吐いていってください**。

Kasai's Training

## ▶最強の呼吸法「レジェンド・ブレス」で緊張感をやわらげる

### ❶まずは鼻から息を思いきり吸い込む

- 目一杯、息を吸って、できるかぎり肺を膨らませる

[葛西の例]　スタート台に座る直前に、息を吸い込む

▼

### ❷息を吸い込んだまま5～10秒間、息を止める

- 「もう限界」と思えるまで、我慢する
- 口を軽く開けておくと、体の力が抜ける

[葛西の例]　息を止めたまま、スタート台に座る

▼

### ❸「もう限界」と思ったところから、さらに息を吸い込み、5秒間息を止める

- 「もう限界」と思ったところから、さらに空気を吸い込む
- これで肺は100%空気でいっぱいになる
- そこから5秒間息を止める

[葛西の例]　スタート台に座ったまま、さらに息を吸い込む

▼

### ❹口角を上げ、歯のすき間から少しずつ息を吐く

- 口角を上げて「イ」の表情をつくる
- 歯のすき間から、少しずつ息を吐き出す

[葛西の例]　スタート信号との兼ね合いを考えながら、ゆっくり息を吐きはじめる

▼

### ❺ゆっくり息を吐き終えると、自然とドキドキがおさまっている

- 最後までゆっくり息を吐いていく
- 息を吐き終えると、いっきに脈拍が下がっていることに気づく

[葛西の例]　自然と息を吐き終えたタイミングで、笑顔のままジャンプ

**「レジェンド・ブレス」がうまくいったときは、体から余計な力が抜け、イメージどおりのジャンプができる。**

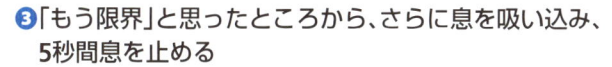

**❺ゆっくり息を吐き終えると、自然とドキドキがおさまっている**

そのようにして、ゆっくり最後まで息を吐いていきます。

**息を吐き終えると、いっきに脈拍が下がっている**ことに気づくはずです。

この呼吸法は、最初は少し難しいかもしれません。苦しくて急激に息を吐き出してしまうこともあると思います。

**鼻から思いきり息を吸い込み（2回）、口から少しずつゆっくりと息を吐いていく**。

これができるようになるまで、くり返し練習をすることで、体に覚え込ませていくしかありません。

しかし**体得できれば、緊張感は劇的にゆるむ**はずです。

## 「レジェンド・ブレス」はサウナで発見した

私の場合、緊張感が最も高まるのはジャンプのスタート直前です。

スタート台にスタンバイすると、ぴったりしたウェアの下で頸動脈がバクバク動き、首が絞まる感覚に陥ります。それを意識してしまうと、今度は耳にまで心臓の音が聞こえてきます。

心拍がより緊張感を高めていることは、ずいぶん前からわかっていました。

ですから、「脈拍を抑えることができれば、緊張感を緩和できるのではないか」という漠然とした考えはあったのですが、そう簡単に具体的な方法は見つかりませんでした。

ところが、ひょんなことから「脈拍の下げ方」を発見したのです。

きっかけは、サウナの直後に水風呂に入ったときでした。

思いきり息を吸い込み水の中に潜ると、試合直前のように「ドクドクドクドク」という速い心臓の音が聞こえてきます。

じっと潜ったまま1分を過ぎたころです。

息苦しくなりさらに鼓動が速くなりそうな環境にもかかわらず、なんと「ドックン、ドックン」と、逆に心臓の音がゆっくりになっていくことに気づいたのです。

「息を止めていると、心拍が遅くなるんだ」

この不思議な現象に気づいたとき、これは試合前の緊張感をゆるめる方法に使えるのではないかとひらめきました。

そうして試行錯誤をくり返し、「レジェンド・ブレス」は誕生したのです。

## コツ29

### ★最強の呼吸法「レジェンド・ブレス」で、緊張は一瞬で消える。鼻から思いきり息を吸い込み（2回）、口から少しずつ、ゆっくり息を吐く。

### ✓「レジェンド・ブレス」を成功させる3つのコツ

「レジェンド・ブレス」を成功させるために、ぜひ気をつけてほしいコツが3つあります。

**❶直前に行う**

**「レジェンド・ブレス」は、本番の直前に行うことで、より効果を発揮します。**

実例であげたように、私もジャンプ台に座る直前に取り入れています。**早くやりすぎてしまうと、せっかく下げた脈拍がまた上がってしまう**からです。

「レジェンド・ブレス」は緊張感自体をなくすというより、緊張によって上がってしまう脈拍数を下げることで緊張感をゆるめる対処法です。

もちろん、本番前に何度か実践しても問題ありませんが、集中力も必要になるので、私はなるべく**直前に1回行う**ようにしています。

「ジャンプは数秒で終わるけど、プレゼンやスピーチなど長く続く場合は、途中で効果が切れるのでは?」

と心配になる人もいるかもしれません。

私は講演会でも、登壇する直前に「レジェンド・ブレス」で脈を下げてから挑みますが、**最初に緊張感を下げて始めることができれば、中盤以降も平常心で進めることができる**ものです。

最初でつまずいてしまうと、あたふたした気持ちを立て直すのが難しく、実力を発揮できないまま終わってしまいがちなので、**とにかく最初が肝心**です。

最初に落ち着いて始めることができれば、その場面における緊張感は攻略できるはずです。

## ❷ 歯を食いしばらず、口を軽く開けて、なるべく体の力を抜く

脈を下げるということは、リラックスしている平常の状態に戻すことです。そのため、**なるべく体の力を抜いて行うことで、効果は倍増**します。

ポイントは、**歯を食いしばらない**ことです。

軽く口を開くことで、歯の食いしばりを緩和できると思います。歯を食いしばると、体中がカチカチに固まってしまい、息を止めているのが余計に苦しくなります。

また、**「笑顔」で行うことも重要なポイント**です。

昔、ある先輩がスタート台で笑顔だったのを見て、「なぜ笑っているのですか？」と尋ねたところ、**「笑顔をつくるとリラックスできる」**という答えが返ってきました。

それ以来、私もスタート台での笑顔を意識するようになったのですが、「レジェンド・ブレス」をより効果的にするためにも、**息を吐くときには笑顔を意識**しています。

私もこの先輩同様、「跳ぶとき笑っていたね」とよくいわれますが、じつはこのとき私は「レジェンド・ブレス」を実行しているのです。

## ❸ 鼓動の音に引きずられない

**「ドクドク」いっている鼓動に意識を向けない**ことも、「レジェンド・ブレス」を成功

させるポイントです。

心臓の音に引きずられてしまうと、呼吸に集中できず、脈拍がうまく落ちません。それだと失敗してしまいます。


私もいまだにうまくできないこともありますが、そうするとやはりイメージどおりのジャンプにならないことが多いように思います。

**呼吸法は奥が深く、体得するまでには多少の時間が必要**です。

「レジェンド・ブレス」は「脈を下げる」という物理的な結果を得るものなので、正しくできているかどうかの判断は、まさにそこになります。

本番前に行っても、なかなか脈が下がらないという人は、**運動後など脈拍が上がっているときに、「レジェンド・ブレス」の練習をしてみるのもおすすめ**です。

**訓練によって、本番での成功率はぐんと上がる**はずです。

**コツ 30**

**★「レジェンド・ブレス」を実践するコツは3つある。運動後に、日ごろから練習しておくと、本番で成功できる。**

特別付録

# 葛西式「疲れない体」と「折れない心」をつくる30のコツを一挙公開！

コツ 01

40代になったら「疲れない体」こそ最高の武器になる。
「代謝をいかに上げるか」が「疲れない体」をつくる最大のポイント。

コツ 02

「いまのラクな姿勢」が「疲れない姿勢」とは限らない。
背筋の伸びた「正しい姿勢」なら、長時間でも疲れない。

コツ 03

体幹を鍛えると、姿勢は驚くほどよくなる。
寝る前3分でできる「体幹トレーニング」は超おすすめ。

コツ 04

ねこ背の原因は、パソコン・スマホのことも多い。
画面を「目線の高さ」に合わせるだけで、姿勢は驚くほど変わる。

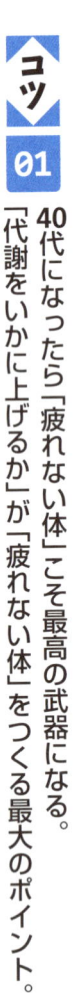

**コツ 05**
**運動を始めるコツは、なるべく目標を低くすること。1日10分のウォーキングなら、誰でも今日から始められる。**

**コツ 06**
**運動を継続するコツは「心のストレス」を取り除くこと。運動時間は最大30分にして、あえて毎日やらないようにしよう。**

**コツ 07**
**サウナスーツを着てランニングをすると、短時間でも大量の汗をかける。汗をかく爽快感を覚えると、ランニングがさらに楽しくなる。**

**コツ 08**
**「3つの筋肉」をほぐすと、体と心の「柔軟性」が取り戻せる。葛西式「最強のストレッチ」を、ひとつずつ丹念に行おう。**

**コツ 09**
**寝る前の「食事」「スマホ」「場所」にもっとこだわろう。「3つの習慣」をやめるだけで、睡眠の質は大きく向上する。**

**コツ 10**
**心身ともに、不調なときこそ汗をかこう。10日に1回の「サウナデー」で、心身をリフレッシュできる。**

**コツ 11**
**40歳を過ぎると、代謝が落ちるので、太りやすくなる。ただし、「食べ方」を変えれば、「やせた体」は十分維持できる。**

コツ12
40代以上が目指すべきは、代謝がいい「細マッチョ」。
「適切な下半身の筋肉」と「少しやせ型の上半身」が理想の体型。

コツ13
週に1・5日の「ご褒美デー」をつくってストレスをためない。
「好きなだけ食べられる」と思うから、普段我慢できる。

コツ14
「代謝アップを促す食品」を上手に取り入れると、
ダイエットは、ぐんとラクになる！　やせやすくなる！

コツ15
空腹を感じたら、まずは試しにコーヒーを飲んでみよう。
それだけで空腹感がおさまることは意外に多い。

コツ16
「魔法の野菜スープ」で、ダイエットはラクになる。
栄養バランスもよく満腹感もあり、「最強の味方」になる。

コツ17
お酒を飲むときは、糖質をエネルギーに変えてくれる
「ビタミン$B_1$を多く含むつまみ」を一緒に食べよう。

コツ18
「老いない体」をつくるには、「下半身の強化」が重要。
「老いは足から」。40歳を過ぎたら、上半身より下半身を鍛えよう。

**コツ19**
筋肉の約70パーセントは、下半身に集まっている。
下半身のトレーニングだけなら、自宅で短時間でできて効率的。

**コツ20**
葛西式「下半身強化トレーニング&ストレッチ」なら、
週に1回、20分程度で、「老いない体」がいっきに手に入る。

**コツ21**
「下半身&体幹トレーニング」なら6分でできる。
その時間もない人は、「階段移動」で下半身を鍛えよう。

**コツ22**
折れない心をつくるには「3角形の法則」がポイント。
実践すれば、ストレスも減り、やる気も戻ってくる。

**コツ23**
「脳を疲れさせない」ために5つのことをしよう。
工夫次第で「脳の休息」は増やせる！　体の疲れもとれる！

**コツ24**
笑顔と言葉を変えれば、「プラス思考」は生み出せる。
「3つの言い換え」で、マイナス言葉を極力、減らそう。

**コツ25**
「原風景」を思い出し、「新しいチャレンジ」をすることで、
何歳になっても「ワクワク感」は取り戻せる。

**コツ26**
「不安」と「緊張」の2つを取り除くと、本番で実力を発揮して、最高の成果を出せる。

**コツ27**
現実離れしたストーリーではなく「いい状況」も「悪い状況」も想定し、最終的にプラスの結果に結びつけるのがイメージトレーニング。

**コツ28**
5つの手順を踏めば、イメージトレーニングは誰でもできる。マイナスイメージに引きずられるときは、顔の前で手を叩いて断ち切る。

**コツ29**
最強の呼吸法「レジェンド・ブレス」で、緊張は一瞬で消える。鼻から思いきり息を吸い込み（2回）、口から少しずつ、ゆっくり息を吐く。

**コツ30**
「レジェンド・ブレス」を実践するコツは3つある。運動後に、日ごろから練習しておくと、本番で成功できる。

# おわりに

本書の出版の話を最初にいただいたとき、私の経験を「ビジネス書」としてまとめることなど本当に可能なのだろうかと、正直、少し戸惑いました。

35年という年月をスキージャンプ一筋で生きてきた私の経験が、はたして一般のビジネスパーソンのみなさんの役に立つのか、自信がもてなかったからです。

しかし、「40歳を過ぎて人生のピークを迎えられる秘訣」がテーマであることをお聞きし、改めて思い返してみると、**年齢を重ねたからこそ変化してきた「肉体のケアの仕方」**から、**40歳を過ぎたからこそ見つけられた「メンタルの整え方」**まで、同年代以上のビジネスパーソンの方々にも通じる部分がたくさんあると感じました。

その時々で、あがき苦しみながら導き出してきた答えばかりなので、メソッドとして1冊の本に体系化するのは非常に大変な作業でしたが、**努力を続けてきたからこそ見つ**

**け出せた結晶の数々を、余すところなく盛り込めた**と自負しています。

**人生は「トーナメント戦」ではなく、やり直しがきく「リーグ戦」**です。

勝ったり負けたりしながら、時には歓喜し、時には悲嘆にくれる――そんな波をくり返すのが人生です。

勝ちつづけられる人がいないのと同時に、努力するかぎり負けつづける人もいません。**どんなに失敗しても、何度敗れても、諦めずに続けていれば、必ず報われるときが来る**ことを私は知っています。

何も私が特別なのではなく、みなさんも同じです。

挑戦する気持ちを忘れず、失敗することを恐れず、謙虚な気持ちで、柔軟に立ち向かい、コツコツと努力を重ねる――。

そうすれば、困難に出合っても、折れることなく、続ける意思が勝ります。

人はいくつになっても自分を変えることができますし、成長することもできます。年齢など関係ありません。まさに私自身がそれを立証しています。

本書で紹介したメソッドが、そのための何かしらのヒントになることを願っています。

そういう**私も、人生の成長過程を歩いているひとり**です。

本当の意味で、私はまだ「レジェンド」ではありません。オリンピックで金メダルをとってこそ、名実ともに「スキージャンプのレジェンド」になれるのだと思っています。

それまでは、精一杯努力をして現役を続け、夢が叶ったあかつきには、次のステージへと場所を変え、そこでもまた努力し、成長しつづけたいと願っています。

この場をお借りして、いつも私を応援し、支えてくださる土屋ホームと、川本謙副会長に深く感謝を申し上げます。

本書の出版に悩んでいるとき、最終的に背中を押してくださったのは川本副会長でした。このように、川本副会長は折に触れて成長するきっかけを与えてくださいました。

そんな川本副会長が、土屋ホームの副会長、そしてスキー部の総監督を退任されることになり、寂しい気持ちでいっぱいです。

スキー部を愛し、導いてくださった川本副会長には感謝の念に堪えません。川本副会長への最大の恩返しは、私がしっかりとスキー部を守っていくことだと思っています。本当にありがとうございました。そして、これからも変わらぬご指導をよろしくお願いいたします!

そして、私が笑顔でスキージャンプに邁進できるのは、陰で支えてくれる家族の協力とサポートあってのもの。いつもありがとう。感謝しています。

また、本書を上梓するにあたって、編集スタッフのみなさまには大変お世話になりました。この場を借りてお礼を申し上げます。

最後に、なによりも読者のみなさま、本書をお読みいただき、本当にありがとうございました。

これからのみなさんの人生に「新たなピーク」が何度も訪れることを願ってやみません。本書がそのための手助けになれば幸いです。

２０１７年11月

葛西紀明

【著者紹介】

**葛西紀明**（かさい　のりあき）

1972年6月6日、北海道下川町出身。

株式会社土屋ホーム、スキー部選手兼任監督。

2014年ソチ冬季オリンピック個人銀メダリスト。

1992年のアルベールビルオリンピックに19歳で初出場。以来、リレハンメル、長野、ソルトレークシティ、トリノ、バンクーバー、ソチと史上最多、計7回の冬季オリンピックに出場。

スキージャンプ選手としては異例ともいえる20年以上のキャリアと、40歳を超えてなお一線級の成績をマークすることから「レジェンド」と称され、国内外から尊敬を集める。冬季オリンピック7大会連続最多出場記録、ワールドカップ最年長優勝記録、冬季オリンピックスキージャンプ最年長メダリストなど5つのギネス世界記録をもつほか、2014年の新語・流行語大賞では「レジェンド」がトップテン入りし広くファンを得る。

2015-2016ワールドカップランキング8位、2018年の韓国・平昌冬季オリンピックでは2大会連続のメダルが期待されている。

40歳を過ぎて最高の成果を出せる「疲れない体」と「折れない心」のつくり方
2017年12月28日発行

著　者――葛西紀明
発行者――山縣裕一郎
発行所――東洋経済新報社
〒103-8345　東京都中央区日本橋本石町 1-2-1
電話＝東洋経済コールセンター　03(5605)7021
http://toyokeizai.net/

ブックデザイン……上田宏志〔ゼブラ〕
カバー写真………今井康一
イラスト…………二階堂ちはる
ＤＴＰ…………アイランドコレクション
編集協力………佐藤大介／塚本佳子
校　正…………加藤義廣／佐藤真由美
企画・プロモーション統括…笠間勝久
プロモーション……山中美紀／大前智里／桑原哲也
進行協力………岡本邦孝（土屋ホーム）
印　刷…………ベクトル印刷
製　本…………ナショナル製本
編集担当………中里有吾
　Printed in Japan　ISBN 978-4-492-04621-0